Vorbemerkung

Bilanzanalysen und Kennzahlen geben der Geschäftsleitung vielfältige Grundlagen zur Überwachung und Führung des Unternehmens und erleichtern betriebswirtschaftliche Entscheidungen. Sie dienen dem wachsenden Informationsbedürfnis von Geldgebern, Anteilseignern und Belegschaftsmitgliedern. Den Abschlüssen von Großunternehmen, die für die Gesamtwirtschaft von Gewicht sind, verhelfen sie zu der von der breiten Öffentlichkeit geforderten Transparenz. Auch der Fiskus als „gesetzlicher Teilhaber" hat vielerlei Anlaß, sich über Konstitution und Situation einzelner Betriebe zu unterrichten; dies insbesondere bei Betriebsprüfungen zur Ermittlung der Besteuerungsgrundlagen. Für Gerichte können Kennzahlen ein Orientierungsmittel zur Beurteilung wirtschaftlicher Tatbestände sein.

Bilanzanalytische Untersuchungen und das Verwenden von Kennzahlen stoßen teils auf Ablehnung, teils werden ihre Aussagemöglichkeiten überschätzt. Beide Einstellungen werden der Sache nicht gerecht. Unbestreitbar können aus einem mit Unsicherheitsfaktoren (Bewertungsunterschiede, mangelnde Vergleichbarkeit usw.) behafteten Zahlenmaterial nur begrenzte Folgerungen gezogen werden. Sicher ist es nur unvollkommen möglich, komplizierte wirtschaftliche Zusammenhänge in praktikablen Formeln auszudrücken. Es wäre aber verfehlt, deshalb zu kapitulieren. Auch Röntgenaufnahmen geben nicht das gestochene Bild einer Photographie. Trotzdem steht ihr diagnostischer Wert außer Zweifel; sie bedingen nur gewisse Hilfsmittel und die Fähigkeit zur Auswertung. Die folgenden Ausführungen sollen sich — unter Berücksichtigung gebotener Vorbehalte und unter Verzicht auf theoretische Untersuchungen — mit der bei Revision und Besteuerung hauptsächlich praktizierten Anwendung bilanzanalytischer Überlegungen befassen. Dabei erschien es angebracht, an Hand eines Beispielsfalles eine begrenzte Zahl aussagefähiger Relationen als „Instrumentarium" zur Erleichterung der Arbeit herauszustellen.

Inhaltsverzeichnis

Seite

I. Bilanzanalyse: Voraussetzungen, Grenzen und Möglichkeiten der Auswertung

Unter Bilanzanalyse versteht man die nach systematischer Aufbereitung von Abschlußbilanzen vorgenommene Untersuchung über Aufbau, Lage und Entwicklung eines Unternehmens.

Das damit verbundene Messen und Gegenüberstellen von Bilanzpositionen bedingt *Vergleichbarkeit* hinsichtlich ihrer Gliederung und ihres Aussagewertes. Hier liegen die Schwierigkeiten in der praktischen Durchführung. Einmal besteht in der Kontierung der Geschäftsvorgänge Spielraum, da die Einhaltung bestimmter, nach Branchen ausgerichteter Kontenpläne nicht generell vorgeschrieben ist. Zum anderen hat der Unternehmer in der Bilanzierung teilweise ein Wahlrecht, da zwischen Aktivierungsfähigkeit und Aktivierungspflicht, Passivierungsrecht und Passivierungspflicht unterschieden wird. Vom Aktiengesetz 1965 werden einige Bewertungsfreiheiten ausdrücklich zugelassen (vgl. §§ 153—155 AktG 1965). Das handelsrechtlich weitgehend gebilligte *Niederstwertprinzip* fördert die Legung stiller Reserven (Unterbewertung von Aktiven und Überbewertung von Passiven). In guten Wirtschaftsjahren wird der Unternehmer verständlicherweise die gesetzlichen Möglichkeiten von Abschreibungen und vorsichtiger Bewertung ausnutzen, während in Zeiten schlechter Geschäfte manches höher zu Buche stehen mag, als es sich im Ernstfall realisieren läßt. So können „Rückstellungen" Rücklagencharakter haben oder unzureichend sein, gebuchter „Erhaltungsaufwand" tatsächlich aktivierungspflichtige Herstellungskosten enthalten oder ungenügend sein. Unausbleiblich ist jeder Bilanzansatz von subjektiven Vorstellungen desjenigen beeinflußt, der die Bilanz aufstellt.

Man denke ferner an folgende, an sich nicht ordnungswidrige Umstände, die dazu beitragen, daß die Erkenntnismöglichkeiten aus den Bilanzen getrübt werden:

— die durch den Geschäftsablauf bedingte unterschiedliche Ausweisung des Bilanzbildes je nach Zeitpunkt des Abschlusses (z. B. bei Saisonbetrieben),

die nur zum Teil erfolgende Angabe über Eventualverbindlichkeiten, z. B. des Wechselobligos oder von Bürgschaften,

— Unklarheit über die Fristigkeit von Forderungen und Verbindlichkeiten; so kann z. B. eine an sich langfristige Hypothek kurzfristig fällig werden,

- mangelnde Angaben über Mengenumsätze, Auftragsbestand, Beschäftigtenzahl, Kapazitätsausnutzung usw.,
- ungenügende Darlegung der Produktionstiefe, die durch Angliederung vor- und nachgeordneter Fertigungsstufen, Betriebsaufspaltung usw. sehr divergieren kann,
- Mischung der einzelnen Bilanzpositionen zu unterschiedlichen Geldwerten entsprechend den jeweiligen Anschaffungszeitpunkten (Nominalwertprinzip, Mark = Mark), wodurch sich die Frage der „Substanzerhaltung" stellt. (Diese Frage läßt sich nur dann beantworten, wenn den Erträgen die Aufwandselemente unter Zugrundelegung der Wiederbeschaffungs- bzw. Wiederherstellungskosten gegenübergestellt werden. Bei steigenden Preisen und Löhnen bedingt dies eine Verminderung des Nominalgewinns um die danach notwendige Erhöhung der Abschreibungen, des Materialverbrauchs und des Lohneinsatzes.)

Auch die Steuerbilanzen weisen infolge mannigfacher Abschreibungsfreiheiten, des Imparitätsprinzips[1]) und anderer Gründe[2]) keine echten Wertzahlen aus. Damit ist der Aussagewert der Abschlüsse verfälscht, und vorbehaltlos darauf beruhende Diagnosen können zu Fehlschlüssen führen.

Angesichts dieser Umstände ist eine gewisse Skepsis gegenüber bilanzanalytischen Untersuchungen verständlich. Abgesehen davon, daß eine resignierende Kapitulation vor den praktischen Schwierigkeiten der Sache nicht dient, werden die Bedenken durch folgende Momente gemildert:

Eine Reihe von Bilanzpositionen ist für Manipulationen nicht geeignet. Dies gilt z. B. für die Akzept- und Warenverbindlichkeiten, Geldbestände, Darlehensschulden.

Werden Bilanzposten regelmäßig verfälscht, verbleibt trotzdem als Aussagewert der Trend über mehrere Bilanzstichtage hinweg, z. B. die Relation „Debitoren zu Kreditoren".

Widersprüche innerhalb der Rechnungslegung lassen in gewissem Umfange Rückschlüsse zu, z. B. das Verhältnis des Ertragsteuer-Aufwandes zu den handelsbilanzmäßig ausgewiesenen Reingewinnen.

Nach dem Gesetz der großen Zahlen wächst der Sicherheitsgrad statistischer Aussagen mit der Häufigkeit der Stichproben im Verhältnis zur Gesamtheit. (Das gilt besonders für Vergleiche mit Branchen-Kennzahlen).

Ferner hat das Aktiengesetz vom 6. 9. 1965 (BGBl. I, S. 1089) die danach aufgestellten Bilanzen aussagefähiger gemacht. Seit dem 1. 1. 1967 dür-

---

[1]) Noch nicht realisierte Gewinne dürfen nicht ausgewiesen werden, drohende Verluste sind dagegen zu berücksichtigen.

[2]) U. a. einer dualistischen Bilanzauffassung, bei der statische und dynamische Elemente vermischt werden, Präferenzen aus wirtschafts- und sozialpolitischen Gründen.

fen Aktiengesellschaften willkürlich keine stillen Reserven mehr bilden. Sie haben sich, soweit es das Anlagevermögen betrifft, in der Höhe der Abschreibungen an einen einmal aufgestellten Plan zu halten. Der Plan ist mindestens alle drei Jahre im Geschäftsbericht anzugeben. Ebenso sind wesentliche Änderungen der Bewertungs- und Abschreibungsmethoden im Geschäftsbericht zu erörtern. Das Umlaufvermögen darf nur insoweit unter den Zeitwerten bewertet werden, wie der niedrigere Wertansatz *„bei vernünftiger kaufmännischer Beurteilung notwendig ist, um zu verhindern, daß in der nächsten Zukunft der Wertansatz dieser Gegenstände auf Grund von Wertschwankungen geändert werden muß.“* Dabei sind allerdings steuerlich niedrigere Werte auch handelsrechtlich zulässig. Die Einhaltung dieser Vorschrift kann auf Antrag von mindestens 5 % des Aktienkapitals durch einen Sonderprüfer nachgeprüft werden. Die Hälfte dieses Jahresgewinns können Vorstand und Aufsichtsrat in die freien Rücklagen einstellen. Über die andere Hälfte beschließt die Hauptversammlung.

Neben dieser Einengung des Bewertungsspielraums sind in den Bilanzen seit 1967 zusätzliche Gliederungsvorschriften zu beachten und Erläuterungen zu geben, z. B.

- Angabe der Forderungen aus Lieferungen und Leistungen mit einer Restlaufzeit von mehr als einem Jahr (§ 151 AG) (s. S. 125).
- Aufgliederung der offenen Rücklagen (§ 152 AktG).
- Angaben zu den Pensionszahlungen und ihrer voraussichtlichen Entwicklung (§ 159 AktG).
- Gliederung der Gewinn- und Verlustrechnung in der Staffelform (§ 157 AktG) (s. S. 129).
- Bei Unternehmen, deren Geschäftszweig in der Erzeugung oder Fertigung von Gegenständen oder im Vertrieb von Waren besteht, sind als Umsatzerlös nur die Erlöse aus der Fertigung, Erzeugung oder Lieferung dieser Gegenstände oder Waren auszuweisen, und zwar nach Abzug von Preisnachlässen und zurückgewährten Entgelten. Andere Beträge dürfen nicht abgesetzt werden.
- Erweiterung des Geschäftsberichts über verbundene Unternehmen — Eintragungspflicht der Unternehmensverträge.
- Mitteilungspflicht für Schachtel- und Mehrheitsbeteiligungen.
- Aufstellung von Konzernabschlüssen und Konzernberichten (§§ 329, 330 AktG).
- Abhängigkeitsberichte bei faktischen Konzernen (§§ 311—318 AktG).

Im übrigen setzt sich bei den Geschäftsleitungen großer Unternehmen zunehmend die Erkenntnis durch, daß die Rechnungslegung als Instrument zur Rationalisierung und Überwachung des Geschäftsablaufs mittels Kennzahlen von so überragender Wichtigkeit ist, daß Verzerrungen aus Gründen vorübergehender Steuerersparnis, der Dividendenpolitik oder Management-Bequemlichkeit als störend empfunden werden. Nicht zuletzt wird diese Tendenz durch die Entwicklung der Technik in der Rechnungslegung gefördert. Wenn größere Transparenz und schnellere Abschlußbereitschaft erreicht werden sollen, ist eine exakte Organisation erforderlich, die willkürliche Handhabungen in der Buchführung und Bilanzierung nicht verträgt:

Beispielsweise setzt die permanente Errechnung des optimalen Lagerbestandes, unter Berücksichtigung der bei höheren Bestellmengen sinkenden Einkaufspreise und des Zinsverlustes durch Lagerung bis zum Verkauf, zutreffende Wertansätze voraus.

Bei Versandgeschäften ist eine exakte mengenmäßige Lagerbuchführung, u. U. elektronisch, Voraussetzung für die Kundenbelieferung und die Einkaufsdisposition. Damit ist weitgehend eine richtige Bestandsaufnahme zum Bilanzstichtag gewährleistet.

Der Abschluß wird bei größeren Unternehmen immer mehr zu einem Rechenschaftsbericht gegenüber vorgeplanten Zahlen (Soll-Ist-Vergleich). Planung, Realisation und Kontrolle im Betrieb schließen sich zu einem Regelkreislauf zusammen. Aber auch für kleinere und mittlere Betriebe ist die Bilanz als periodische Rechnungslegung eine wichtige Grundlage für betriebswirtschaftliche Überlegungen und Vergleiche. Wunder kann die mit so unzulänglichem Material arbeitende Bilanzanalyse nicht verrichten. Sie kann aber Diagnosen für Teilbereiche geben, damit ein Gesamturteil fundieren und Entscheidungen erleichtern.

Die eingangs wiedergegebenen Bedenken fallen zum großen Teil bei einer internen Bilanzanalyse, der die Bilanzunterlagen vollständig zur Verfügung stehen, weg. Sie kann beurteilen, ob die zu untersuchenden Bilanzen ordnungsgemäß aufgestellt worden sind und den Grundsätzen der Wahrheit und Klarheit entsprechen. (Grundsätze, die aus mancherlei Gründen nicht absolut, sondern nur relativ im Hinblick auf die jeweilige Zielsetzung verstanden werden können. So muß sich der Bewertungsmaßstab bei der periodischen Erfolgsermittlung eines rentierlichen Betriebs naturgemäß von dem eines in Liquidation befindlichen Unternehmens unterscheiden.)

Am Beginn interner analytischer Untersuchungen steht die Aufbereitung des Zahlenmaterials zur Herstellung der Vergleichbarkeit in der Gliederung und Bewertung der einzelnen Posten des Abschlusses. Gewöhnlich wird von den Zahlen der Steuerbilanz ausgegangen und der Gewinn vor Abzug der gewinnabhängigen Steuern als Erfolgsmaßstab genommen. Praktikable Auswertungsmöglichkeit und eine die wirtschaftlichen Zusammenhänge frühzeitig aufzeigende Aussagefähigkeit sind hierbei wichtiger als eine bis ins letzte Detail erfolgende zahlenmäßige Abstimmung. Zu diesen Aufbereitungsarbeiten gehört die Behebung störender Einflüsse von Geldwertschwankungen und strukturellen Veränderungen.

Beispiel:

Umsatz eines Warenhauses	200,0 Mill. DM
./. auf Geldwertveränderung beruhende Preiserhöhung = 3 % =	6,0 Mill. DM
	194,0 Mill. DM
./. Strukturänderung = Erweiterung der Verkaufsflächen um 5 % =	9,7 Mill. DM
vergleichbar mit dem Vorjahrsumsatz	184,3 Mill. DM

Echte Wertberichtigungsposten kürzen den betreffenden Bilanzposten auf der Gegenseite, z. B. das Delkredere bei den Debitoren. Rückstellungen sind zu bereinigen, soweit sie Rücklagencharakter (= Eigenkapital) haben. Etwaige stille Reserven beim Anlage- oder Umlaufvermögen sind u. U durch Umwertungszahlen auszugleichen, z. B. an Hand der Versicherungswerte. Sonderabschreibungen, die den betriebsbedingten Wertverzehr übersteigen, sind zu eliminieren. Von der Ansetzung kalkulatorischer Zinsen und Wagnisse wird für Zwecke der Bilanzanalyse im allgemeinen abgesehen. Da die Beleihungsgrenze für Immobilien in der Regel bei 50—60 % liegt, kann bei einer sich bilanzmäßig ergebenden höheren Belastung insoweit auf stille Reserven geschlossen werden.

Die Ausschaltung all der vielen Störungsfaktoren ist für die Praxis der schwierigste Teil der Bilanzanalyse.

Bei einer extern, d. h. außerhalb des Unternehmens durchzuführenden Bilanzanalyse ist eine Aufbereitung in dem oben verstandenen Sinne nur begrenzt möglich. Sie muß sich im wesentlichen auf sonstiges, direktes oder indirektes Quellenmaterial stützen. Hierfür kommen vornehmlich in Betracht:

> Geschäftsberichte, Emissions-Prospekte, Börsenhandbücher, Hauszeitungen, Festschriften, Pressenotizen, statistische Veröffentlichungen, Bilanzbesprechungen in Wirtschaftszeitungen usw.

Der Aussagewert dieses Materials hängt von der Zuverlässigkeit der Zahlen, der systematischen und objektiven Darstellung, der Zeitnähe u. a. m. ab. Für die externe Bilanzanalyse gilt die resignierende Einschränkung, daß eine Bilanz zwar allerlei vermuten läßt, das Wesentliche aber — besonders bei geschickter „Kosmetik" — verbirgt. Infolge der Unzulänglichkeit der verfügbaren Unterlagen sind Fehlschlüsse nicht auszuschließen.

Aus der Analyse von Bilanzen, d. h. dem Zerlegen, Messen und Vergleichen ihrer einzelnen Positionen, ergeben sich durch Urteilsbildung bilanzkritische Feststellungen. Sie erstrecken sich vornehmlich auf die betriebswirtschaftliche Auswertung folgender Bereiche:

> Vermögensaufbau — Finanzierung — Liquidität — Rentabilität — Kostengestaltung.

Hierbei lassen sich durch Gegenüberstellung bestimmter Positionen der Abschlüsse, zwischen denen ein wirtschaftlich bedeutsamer Zusammenhang besteht, Struktur und Lage eines Unternehmens beleuchten, um damit eine bestimmte Fragestellung zu beantworten oder die Beantwortung zu erleichtern. Das gilt z. B. für das wichtige Verhältnis von Anlagevermögen zu Eigenkapital. Unzureichend wäre es aber, derartige Beziehungszahlen nur an Hand der Bilanz eines Zeitpunktes aufzustellen und auszuwerten. Ihre Ermittlung muß sich vielmehr auf eine Reihe von Stichtagen — möglichst im Vergleich mit entsprechenden betrieblichen Kennzahlen derselben Branche oder mit „Soll-Zahlen" — erstrecken, damit der Trend ersichtlich wird. Dem richtigen Erkennen des Trends sowie dem Aufzeigen von Ursache und Wirkung kommt bei der Bilanzanalyse entscheidende Bedeutung zu. Die aus den verschiedenen Beziehungszahlen gewonnenen Teilerkenntnisse sind dann systematisch zu einem umfassenden Gesamtüberblick zu verbinden, dessen entscheidende Aussage die Rentabilität ist. Als Kennzahlen erleichtern sie Informationsgewinnung und -weitergabe.

Die steuerliche Betriebsprüfung ist in der günstigen Lage, daß ihr für die Bilanzanalyse sehr weitgehende Möglichkeiten offenstehen. Sie erlangt nicht nur Kenntnis der vertraulichen Interna des betreffenden Unternehmens, sie kann auch Vergleiche mit ähnlich gelagerten Betrieben anstellen. In der Verwendung der durch Vergleich mit anderen Betrieben gewonnenen Erkenntnisse ist sie allerdings wegen ihrer Verpflichtung zur Wahrung des Steuergeheimnisses beschränkt (§ 22 AO). Aber schon die bei Vergleichen gefundene Bestätigung von Kennzahlen ist für ihre Arbeit wichtig. Das gilt besonders für die auf mengenmäßige Fakten bezogenen Zahlen des Abschlusses; z. B. Umsatz je qm Verkaufsfläche. Da die Betriebsprüfung eine umfassende steuerliche Durchleuchtung des Unternehmens bezweckt, muß sie sich einen Überblick über dessen wirtschaftlichen Organismus verschaffen. Dies gilt um so mehr, als die Besteuerung zunehmend als Hilfsmittel der Wirtschaftspolitik eingesetzt wird und das Steuerrecht vielfach eine entsprechende Betrachtungsweise fordert. Eine rationell durchgeführte Betriebsprüfung muß sich auf Schwerpunkte, Anomalien und eine systematische Auswahl von Stichproben beschränken. Diese Abgrenzung der Prüfungsfelder ist nur nach vorangegangener Bilanzanalyse sinnvoll möglich und so zu rechtfertigen. Nach den Umständen gebotene Schätzungen der Besteuerungsgrundlagen (§ 217 AO) beruhen vielfach auf durch Betriebsvergleich gewonnenen Kennzahlen, die damit materiell fühlbare Auswirkungen im Einzelfall haben können. Als „Richtsätze" (s. S. 105 ff.) oder „Durchschnittssätze" umfaßt ihre steuerliche Effizienz einen größeren Kreis.

Für die Planwirtschaft kapitalistischer wie sozialistischer Prägung sind Kennzahlen zum wichtigsten Lenkungsinstrument geworden.

II. Technik der zahlenmäßigen Darstellung

Die praktische Durchführung von Bilanzanalysen und der darauf basierenden bilanzkritischen Untersuchungen hat sich den Besonderheiten des einzelnen Unternehmens anzupassen. Bei der Auswertung ist von den absoluten Zahlen auszugehen. Vielfach ermöglichen jedoch bessere Erkenntnisse:

Prozentzahlen:

Summe der Bilanz- bzw. GuV-Seite = 100. Die Größenverhältnisse der einzelnen Positionen von Bilanz und Gewinn- und Verlustrechnung zueinander treten deutlicher hervor, verschieben sich aber durch Veränderungen der Summen von Bilanz bzw. GuV, die als Basis dienen. Als Gliederungszahlen dienen sie vornehmlich zur Beleuchtung struktureller Verhältnisse.

Index-Zahlen:

Der Vergleichswert eines früheren Rechnungsabschnitts wird gleich 100 gesetzt, und die Werte der folgenden Jahre werden dazu in einem prozentualen Verhältnis ausgedrückt. Dadurch wird die zeitliche Entwicklung einzelner Posten augenfälliger. Indexzahlen finden vornehmlich beim internen Betriebsvergleich Anwendung.

Beziehungszahlen:

Sie enthalten Relationen zwischen wirtschaftlich bedeutsamen Zahlen eines Unternehmens. Nach Möglichkeit wird man die Zähler- und Nennergrößen so auswählen, daß die erwünschte Entwicklung der erfaßten Fakten oder Vorgänge in einem Ansteigen, eine unerwünschte in einem Rückgang der Kennzahlenergebnisse ausgedrückt wird. Die Anwendung derartiger Beziehungszahlen erfordert Kontinuität zur Erreichung der Vergleichbarkeit. Häufig werden sie auf Mengeneinheiten bezogen; z. B.

Kosten je Fahrtkilometer,

Lohneinsatz je Tonne Erzeugnis,

Umsatz je beschäftigte Person,

Wertschöpfung je 100 Arbeiterstunden (z. B. im Baugewerbe).

Ihr Aussagewert steigt mit der Intensität des Kausalzusammenhangs.

Derartige Kennzahlen reduzieren die oft vielseitigen Abschlußzahlen auf — auch für Außenstehende — übersehbare Größen und bilden für die einzelnen Branchen Schlüsselzahlen des Betriebsvergleichs. Sie geben Anhaltspunkte für Störungen, Anregungen und Kontrollmöglichkeiten.

Beispiel: Umsatz je qm Verkaufsfläche bei Warenhäusern

	A	B		A	B
	DM	DM		DM	DM
1961	5137	5900	1966	6060	7100
1962	5363	6000	1967	5916	7320
1963	5579	6300	1968	6012	7008
1964	5882	6300	1969	6312	7008
1965	5952	6600			

(Als Berechnungsgrundlage der Verkaufsfläche dient der Jahresdurchschnitt. Großhandel ist zu eliminieren.)[1]

Reine Mengenvergleiche, z. B. der hl-Ausstoß bei Brauereien, haben den Vorteil, daß sie frei von Geldwertschwankungen sind.

Als eindrucksvoll erweisen sich graphische Darstellungen in Form von Kurven, Säulen, Kreisen usw. (siehe Beispiele auf S. 17) zur Unterstreichung der absoluten und relativen Zahlenangaben. Flächendiagramme heben Zahlenzerlegungen visuell hervor, Kurvendiagramme lassen den Trend gut erkennen und Säulendiagramme sind besonders geeignet für Vergleiche mit den Vorjahren oder zwischen „Soll" und „Ist". Die Parallelität von Entwicklungen und der ursächliche Zusammenhang betrieblicher Tatbestände werden oft erst in der schaubildlichen Wiedergabe des Zahlenmaterials augenfällig.

Zur Charakterisierung einzelner Bilanzansätze werden gern Mittelwerte benutzt, und zwar:

Das arithmetische Mittel

ergibt sich aus der einfachen Durchschnittsrechnung durch Zusammenzählung von Mengen- und Wertzahlen gleichen Inhalts und Division der Summe der Zahlen durch die Anzahl der einzelnen Posten.

Beispiel:

Bilanzansatz der Außenstände	120 000,— DM
Anzahl der einzelnen Forderungen	300
durchschnittliche Höhe der Forderungen	400,— DM

Das gewogene Mittel

ergibt sich aus zusammengesetzter Durchschnittsrechnung, die dann zu erfolgen hat, wenn den einzelnen Posten verschiedenes Gewicht zukommt.

Beispiel: Wareneingang

50 kg	zu je	3,— DM	=	150,— DM
200 kg	zu je	2,50 DM	=	500,— DM
100 kg	zu je	4,— DM	=	400,— DM
350 kg		9,50 DM		1050,— DM

Gewogenes Mittel $= \frac{1050}{350} = 3{,}\text{— DM je kg}$

Einfaches Mittel $= \frac{9{,}50}{3} = 3{,}17 \text{ DM je kg}$

Ein anschauliches Bild der Vielfalt an Darstellungsmöglichkeiten bilanzanalytischer Fakten geben die alljährlich erscheinenden Geschäftsberichte großer Akiengesellschaften.

[1]) Eine Untersuchung dieser Zahlen hat gezeigt, daß die Abgrenzung der Verkaufsfläche teilweise Unterschiedlichkeiten, z. B. hinsichtlich der Einbeziehung von Treppen und Nebenräumen, aufwies, die zunächst zu bereinigen waren.

Flächendiagramm

Aktiva

Wirtschafts-jahr	31. 12. . . 01	31. 12. . . 02	31. 12. . . 03	31. 12. . . 04
Anlage-vermögen	45,6 %	44,8 %	42,5 %	46,0 %
Umlauf-vermögen	54,4 %	55,2 %	57,5 %	54,0 %

Passiva

Wirtschafts-jahr	31. 12. . . 01	31. 12. . . 02	31. 12. . . 03	31. 12. . . 04
Eigen-kapital	27,7 %	29,4 %	31,3 %	28,0 %
Fremd-kapital	69,7 %	67,9 %	66,5 %	70,1 %
Rein-gewinn	2,6 %	2,7 %	2,2 %	1,9 %

Kurvendiagramm

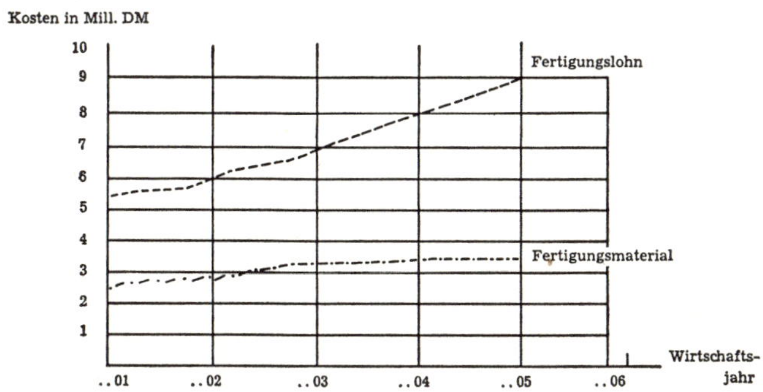

Säulendiagramm

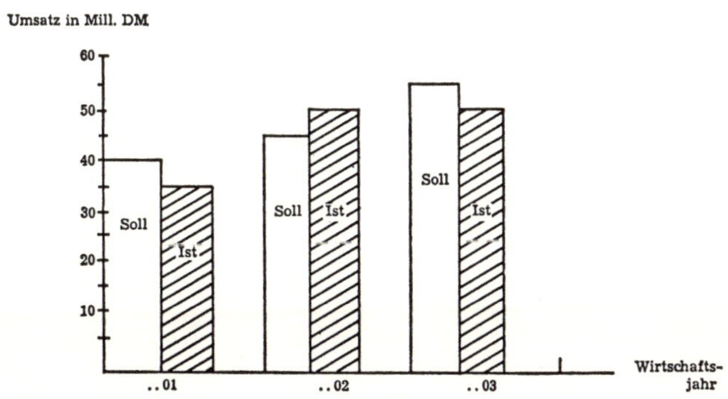

III. Betriebsvergleich

1. Innerer und äußerer Betriebsvergleich

Am häufigsten werden Bilanzanalysen durch Betriebsvergleich vorgenommen.

Unter Betriebsvergleich ist das systematische, zweckbestimmte Vergleichen betrieblicher Zahlengrößen zur Messung und Beurteilung wirtschaftlicher Tatbestände zu verstehen.

Der Begriff „Betrieb" ist hierbei weit zu fassen. Es kann sich einmal um das Unternehmen im ganzen handeln, zum anderen nur um einzelne betriebliche Funktionen.

Derartige Betriebsvergleiche werden überwiegend in der Weise durchgeführt, daß die Abschlußzahlen mehrerer Jahre in vergleichender Betrachtung und systematischer Kombination gegenübergestellt werden. Dieses Verfahren beschränkt sich also auf die Untersuchung der Zahlen eines Unternehmens und wird deshalb als innerer Betriebsvergleich bezeichnet. Er kommt vorwiegend bei Pflichtprüfungen zur Anwendung. Voraussetzung für einen solchen individuellen Zeitvergleich ist, daß die einzelnen Positionen des Abschlusses in Gliederung und Bewertung vergleichbar sind. Dies kann nur dann der Fall sein, wenn im Vergleichszeitraum bei unveränderter Betriebsstruktur die einzelnen Wirtschaftsvorgänge in gleicher Weise kontiert und kontinuierlich bewertet werden. Zieht sich ein Fehler konstant durch alle Abschlüsse, z. B. eine Unterbewertung des Warenbestandes, so wird er allerdings bei diesem Verfahren kaum bemerkbar sein. Unvermeidlich wird jeder innerbetrieblicher Zeitvergleich durch äußere Einflüsse, wie Konjunkturschwankungen, Preis- und Lohnsituation, Rohstoffversorgung u. a. m., beeinträchtigt. Ein Nachteil dieses „einbetrieblichen" Vergleichs ist, daß es an einem echten Vergleichsmaßstab fehlt, d. h. es kann, wie Schmalenbach es ausdrückt, *„Schlendrian mit Schlendrian"* verglichen werden.

Zur Behebung dieses Mangels wird ergänzend der äußere Betriebsvergleich angewendet. Hierbei werden bestimmte, durch inneren Betriebsvergleich gewonnene Kennzahlen mit denen anderer Unternehmen derselben Branche oder mit dem Branchendurchschnitt verglichen. Dieses Verfahren bedingt jedoch, daß die Ermittlung der Kennzahlen nach übereinstimmenden Gesichtspunkten erfolgt und die Betriebe hinsichtlich Struktur und Größe vergleichbar sind. Das Vergleichsmaterial kann beispielsweise stammen aus dem Zahlenaustausch befreundeter Unternehmen,

aus veröffentlichten Abschlüssen (vorwiegend von Aktiengesellschaften),

aus statistischem Material der Verbände, Industrie- und Handelskammern und sonstigen Institutionen[1]),

aus der „Bilanzstatistik“ des Statistischen Bundesamtes, die auf den Pflichtveröffentlichungen im Bundesanzeiger beruht[2]).

Den praktischen Bedürfnissen und Möglichkeiten wird in der Regel eine den Verhältnissen des Einzelfalles angepaßte Verbindung beider Verfahren am ehesten gerecht werden können.

2. Zeitvergleich an Hand der Bilanzen

Ausgangspunkt der vergleichenden Betrachtungen sind die nach einheitlichen Gesichtspunkten gegliederten Bilanzen. Sofern eine einheitliche Gliederung wegen Änderung des Kontenplans oder aus anderen Gründen nicht gegeben ist, muß sie durch entsprechende Umgruppierungen herbeigeführt werden.

Die Bilanzen enthalten die absoluten Zahlen. Durch Umrechnung dieser absoluten Zahlen in Prozentanteile (Bilanzsumme = 100) tritt beim Vergleich mit den Vorjahren die anteilsmäßige Verschiebung der einzelnen Positionen im Bilanzgefüge deutlich hervor. Das Gewicht der Veränderung gegenüber dem Vorjahr kann als absoluter Betrag mit + oder ./. eingesetzt werden. Diese Kombination in der Darstellung läßt die Schwergewichte der Veränderungen zahlenmäßig, aber auch in ihrer relativen Bedeutung erkennen. Dadurch bewahrt sie vor falschen „Diagnosen“. (Vgl. das Beispiel auf Seite 21.)

Bei Einbeziehung der Prozentanteile in den Zeitvergleich ist zu berücksichtigen, wie sich die Basis ihrer Berechnung, nämlich die Bilanzsumme, entwickelt. So nimmt im Beispielsfall der Prozentanteil des Anlagevermögens trotz Erhöhung des absoluten Betrags infolge des stärkeren Anwachsens der Bilanzsumme ab. Die Anteilsätze hängen ferner stets voneinander ab. Wenn also ein Unternehmen beispielsweise nur über wenig Vorräte verfügt, steigen automatisch die Anteile der übrigen Positionen an der Bilanzsumme.

---

[1]) Die am Betriebsvergleich beteiligten Unternehmen melden monatlich nach einheitlicher Gliederung Umsatzhöhe und Kostenanteile. Nach Verarbeitung dieser Zahlen, z. B. durch Ermitteln von Durchschnittswerten, erhalten die Beteiligten das Vergleichsmaterial zur Verfügung gestellt. Sie können dann hieraus beispielsweise ersehen, wie sich ihr Reklame- oder Personalaufwand im Vergleich zum Branchendurchschnitt verhält.

[2]) Sie kann nur diejenigen Zahlen oder Merkmale aufnehmen, die auf Grund des Aktiengesetzes von allen Gesellschaften vorliegen müssen. Da die Zahlen gewogene Durchschnitte bieten, werden sie u. U. von einem großen Unternehmen stärker beeinflußt als von mehreren kleinen. Trotz dieser Schwächen liefert die „Bilanzstatistik“ Vergleichsmaterial, wenn es aus anderen Unterlagen z. Z. nicht zu gewinnen ist.

Bilanzanalyse — Zeitvergleich

Bilanzen der X-AG

(in 1000 DM)

Aktiva	Wirtschaftsjahr ..01 DM	%	Veränd. DM	Wirtschaftsjahr ..02 DM	%	Veränd. DM
I. *Anlagevermögen*						
1. Betriebl. Anlagevermögen						
Anfangsbestand	2 800			2700		
+ Zugang	1 000			1800		
	3 800			4500		
— Abschreibung	1 100			1500		
Endbestand	2 700	44,0		3000	42,0	+ 300
2. Finanzielles Anlagevermögen	100	1,6		200	2,8	+ 100
	2 800	45,6		3200	44,8	+ 400
II. *Umlaufvermögen*						
1. Roh-, Hilfs- und Betriebsstoffe	850	13,9		1050	14,6	+ 200
2. Halbfertige und fertige Erzeugnisse	380	6,2		330	4,6	— 50
3. Forderungen aus Warenlieferungen und Leistungen	1 300	21,1		1800	25,1	+ 500
4. Geldbestände (Kasse, Bank, Postscheck)	400	6,5		150	2,1	— 250
5. Besitzwechsel	250	4,1		100	1,4	— 150
6. Sonstige Forderungen	100	1,6		450	6,3	+ 350
	3 280	53,4		3880	54,1	+ 600
III. *Aktive Rechnungsabgrenzung*	60	1,0		80	1,1	+ 20
Bilanzsumme, aktiv	6 140	100		7160	100	+ 1020
Passiva						
I. *Grundkapital*	1 500	24,4		1500	21,0	—
II. *Gesetzliche und freie Rücklagen*	200	3,3		350	4,9	+ 150
III. *Rücklage für Ersatzbeschaffung*	—			250	3,5	+ 250
IV. *Rückstellungen*	800	13,0		1000	14,0	+ 200
V. *Langfristige Verbindlichkeiten*						
1. Hypothek	500	8,2		500	7,0	—
2. Darlehen	200	3,2		300	4,2	+ 100
	700	11,4		800	11,2	+ 100

(Fortsetzung S. 22)

VI. *Kurz- und mittelfristige Verbindlichkeiten*					
1. Warenverbindlichkeiten	1 200	19,5	1100	15,3	— 100
2. laufende Bankkredite	600	9,8	800	11,2	+ 200
3. Eigene Akzepte	650	10,6	850	11,9	+ 200
4. Sonstige Verbindlichkeiten	250	4,1	190	2,6	— 60
	2 700	44,0	2940	41,0	+ 240
VII. *Passive Rechnungsabgrenzung*	80	1,3	120	1,7	+ 40
VIII. *Gewinn:*					
Wirtschaftsjahr ..01	160	2,6	10	0,1	— 150
Wirtschaftsjahr ..02	—		190	2,6	+ 190
Bilanzsumme, passiv	6 140	100	7160	100	+ 1020
Beschäftigte im Durchschnitt	600		700		+ 100
Arbeitsstunden, produktive	700 000 Std.		850 000 Std.		+ 150 000
Gebäude-Nutzfläche	8 000 qm		9 500 qm		+ 1 500

Eine Kombination des inneren und äußeren Betriebsvergleichs zeigt — in vereinfachter Darstellung — das folgende Beispiel unter bilanz- und umsatzmäßiger Betrachtung. Sie zeigt deutlich die — dank des stärkeren Umsatzanstiegs — günstigere Entwicklung des eigenen Betriebs und relativiert die bilanzmäßige Gliederung durch die Beziehungszahlen zum Umsatz.

		Eigener Betrieb		**Vergleichsbetrieb**	
Wirtschaftsjahr		..01	..02	..01	..02
I. ***Gliederungszahlen*** in % der Bilanzsumme (in Mill. DM)		(6,14)	(7,16)	(8,0)	(10,0)
Aktiva:	Anlagevermögen	45,6	44,8	54,3	52,8
	Vorratsvermögen	20,1	19,2	22,4	23,5
	sonstige Aktiva	34,3	36,0	23,3	23,7
Passiva:	Fremdkapital	69,7	67,9	65,3	68,2
	Eigenkapital	30,3	32,1	34,7	31,8
	Bilanzsumme	100,0	100,0	100,0	100,0
II. *Beziehungszahlen* in % vom Umsatz (in Mill. DM)		(12,34)	(16,9)	(15,0)	(18,0)
Aktiva:	Anlagevermögen	22,7	18,9	28,9	29,4
	Vorratsvermögen	10,0	8,2	11,9	13,1
	sonstige Aktiva	16,6	14,8	12,4	13,2
Passiva:	Fremdkapital	34,9	28,0	34,8	37,9
	Eigenkapital	15,1	13,6	18,5	17,7
	Bilanzsumme	49,8	42,9	53,3	55,5

Zum Branchenvergleich kann die Bilanzstatistik des Statistischen Bundesamtes herangezogen werden. Diese gliedert die Aktivseite der von ihr untersuchten Bilanzen — unterteilt nach Wirtschaftsgruppen — auf ihren anlage-, vorrats- und forderungsintensiven Vermögensaufbau hin wie folgt:

	in Prozent der Bilanzsumme
Sachanlagen	z. B. 48,4 %
Finanzanlagen	7,8 %
Vorräte	18,0 %
Forderungen, langfristige	2,5 %
Forderungen, kurzfristige	16,1 %
Flüssige Mittel	6,4 %

Die Passivseite ist wie nachstehend aufgegliedert:

	in Prozent der Bilanzsumme
Grundkapital	z. B. 22,5 %
Rücklagen (gesetzliche, freie sowie steuerbegünstigte Rücklagen und Gewinnvortrag ./. Verlustvortrag)	12,4 %
Vermögensabgabe	1,0 %
Sonderwertberichtigungen	2,2 %
Langfristige Rückstellungen und Sozialverbindlichkeiten	8,4 %
Langfristige Verbindlichkeiten	19,9 %
Kurzfristige Rückstellungen und Verbindlichkeiten	30,6 %
(ohne Einbeziehung der Rechnungsabgrenzungsposten)	

3. Zeitvergleich an Hand der Gewinn- und Verlust-Rechnungen

Bilanzen geben nur den „Status", d. h. eine Momentaufnahme zum Stichtag des Abschlusses, wieder. Die „Dynamik" des Unternehmens geht jedoch aus den Gewinn- und Verlust-Rechnungen hervor. Letztlich schlägt sich alles betriebliche Geschehen in Kosten (Ausgaben) einerseits und Leistungen (Erlösen) andererseits nieder. Nur der Betrieb ist lebensfähig, der auf lange Sicht seine Kosten durch Leistungen deckt. Eine vergleichende Betrachtung von Aufwendungen und Erträgen in absoluten und prozentualen Zahlen zeigt die Quellen von Erfolg und Mißerfolg sowie etwaige Risiken[1]). Dabei können die einzelnen Posten in Prozentsätzen des Umsatzes[2]) oder einer anderen Bezugsgröße, wie etwa des Produktionswertes, ausgedrückt werden.

[1]) Ist ein Unternehmen beispielsweise stark lohnintensiv, so kann seine Ertragskraft bei jeder Erhöhung der Lohntarife oder bei einem Beschäftigungsrückgang — wegen des Kündigungsschutzes — empfindlich geschwächt werden.

[2]) Diese Bezugsgröße ist nur dann ohne Korrektur verwendbar, wenn keine wesentlichen Bestandsveränderungen bei Halbfertig- und Fertigerzeugnissen sowie innerbetriebliche Leistungen vorliegen. Im Beispielsfall (S. 24) wurde den Gepflogenheiten der Praxis entsprechend die Summe der GuV-Rechnung als Bezugsbasis gewählt.

Zeitvergleich — Indexverfahren

Gewinn- und Verlustrechnung
(in 1000 DM)

	Wirtschaftsjahr ..01			Wirtschaftsjahr ..02		
	DM	Anteil %	Veränderung %	DM	Anteil %	Veränderung[1]) %
I. *Aufwendungen:*						
1. Einsatz an Roh- und Hilfsstoffen	2 400	19,3		3 100	18,0	29
2. Bestandsveränderung bei Halb- und Fertigerzeugnissen	—	—		50	0,3	—
3. Löhne und Gehälter	4 750	38,2		6 250	36,4	32
4. Soziale Aufwendungen	950	7,6		1 300	7,6	37
5. Abschreibungen auf:						
a) Anlagevermögen	1 100	8,8		1 500	8,7	36
b) Forderungen	60	0,5		90	0,5	50
6. Instandhaltungskosten	420	3,3		840	4,8	100
7. Allgemeine Betriebsaufwendungen	650	5,2		930	5,3	43
8. Betriebliche Steuern, Beiträge usw.	120	1,0		150	0,9	25
9. Zinsen	200	1,6		250	1,5	25
10. Allgemeine Verwaltungsaufwendungen	450	3,6		700	4,1	55
11. Vertriebsaufwand	500	4,0		650	3,8	30
12. Provisionen usw.	600	4,8		800	4,6	33
13. Steuern vom Ertrag und Vermögen	100	0,8		150	0,9	50
14. Zuführung zur Rücklage	—	—		250	1,5	—
	12 300	98,7		17 010	98,9	
II. *Erträge:*						
1. Erlöse aus Lieferungen und Leistungen	12 340	99,1		16 900	98,3	37
2. a. o. Erträge	40	0,3		300	1,7	
3. Bestandsveränderung bei Halb- und Fertigerzeugnissen	80	0,6		—	—	
	12 460	100		17 200	100	
III. *Reingewinn* (II ./. I)	160	1,3		190	1,1	18
+ Zuführung zu Rücklagen aus echten Gewinnen	—			—		
	160	1,3		190	1,1	

[1]) Die Veränderung ist ausgedrückt in Prozent der Vergleichszahl ..01.

Ein echter Aussagewert wird im allgemeinen nur dann gegeben sein, wenn die Aufwands- und Ertragsrechnung unsaldierte und weitgehend aufgegliederte Posten enthält. Eine Verfeinerung des Zeitvergleichs ist zu erreichen, wenn für das gleiche Objekt und den gleichen Zeitraum geplante bzw. geschätzte Soll-Zahlen mit den Effektivzahlen verglichen werden (Soll-Ist-Vergleich). Bei zunehmender Betriebsgröße ist eine solche „Planrechnung" ein unentbehrliches Lenkungsinstrument für die Unternehmensleitung.

Wird die Veränderung gegenüber dem Vorjahr im einzelnen prozentual ausgedrückt (Index-Verfahren), so sieht man deutlich, welche Aufwandsposten im Vergleich mit der Umsatzentwicklung anomal liegen. Schlüsse aus solchen Veränderungszahlen können jedoch nur dann gezogen werden, wenn die Vergleichsgrundlage (z. B. die Zahl des Vorjahrs) nicht aus dem Rahmen fällt. Ansonsten zeigen derartige Veränderungszahlen die Punkte auf, die einer näheren Betrachtung hinsichtlich ihrer Auswirkung auf das Betriebsergebnis zu unterziehen wären. Im Beispielfalle (S. 24) wären dies

	Zunahme
Abschreibungen auf Forderungen	50 %
Instandhaltungskosten	100 %
Allgemeine Betriebsaufwendungen	43 %
Allgemeine Verwaltungsaufwendungen	55 %
Steuern vom Ertrag und Vermögen	50 %
gegenüber	
einer Umsatzsteigerung von	37 %

IV. Betriebsvergleich und steuerliche Betriebsprüfung

Von besonderer Bedeutung ist der Betriebsvergleich für die steuerliche Betriebsprüfung. Zu ihrer Vorbereitung gehört eine kritische Durchsicht der die Besteuerungsgrundlagen bildenden Abschlüsse. Hierbei bietet sich der Betriebsvergleich zur Bestimmung von Prüfungsfeldern und -schwerpunkten an. Er ist zugleich ein wichtiges Verprobungsinstrument und kann Ausgangspunkt von Schätzungen (§ 217 AO) sein.

Beispiel eines in steuerlicher Sicht durchgeführten Betriebsvergleichs:

I. Innerer Betriebsvergleich an Hand der Abschlüsse

	..01		..02		..03		..04	
	DM	%	DM	%	DM	%	DM	%
(1) Wirtschaftlicher Umsatz	900 000	100	960 000	100	1 040 000	100	1 200 000	100
(2) Wareneinsatz ⁒	600 000	66,7	660 000	68,8	740 000	71,7	800 000	66,7
(3) *Rohgewinn*	300 000	33,3	300 000	31,2	300 000	28,9	400 000	33,3
(4) *Betrieblicher Aufwand*								
Löhne	18 000	2	18 000	1,8	20 000	1,9	20 000	1,7
Gehälter	54 000	6	80 000	8,3	80 000	7,7	60 000	5
Soziale Leistungen	9 000	1	10 000	1,2	11 000	1,1	10 000	0,8
Raumkosten	36 000	4	36 000	3,7	40 000	3,8	40 000	3,3
Abschreibungen	6 000	0,7	6 000	0,6	6 000	0,6	6 000	0,5
Reparaturen	9 000	1	24 000	2,5	5 200	0,5	48 000	4
Allgemeine Betriebsaufwendungen	22 500	2,5	17 200	1,8	20 800	2	26 400	2,2
Betriebliche Steuern, Beiträge, Versicherungspämien usw.	36 000	4	38 400	4	41 600	4	48 000	4
Allgemeine Verwaltungskosten	12 000	1,3	12 800	1,3	15 600	1,5	18 000	1,5

Reise- und Repräsentationskosten	4 500	0,5	14 400	1,5	14 600	1,4	17 600	1,5
Sonst. Vertriebskosten	3 000	0,3	3 200	0,3	5 200	0,5	6 000	0,5
Summe ·/·	210 000	23,3	260 000	27	260 000	25	300 000	25
(5) *Reingewinn*	90 000	10	40 000	4,2	40 000	3,9	100 000	8,3

II. Innerer Betriebsvergleich mittels Kennzahlen

Anzahl der Arbeitskräfte im Jahresdurchschnitt (einschl. Betriebsinhaber und mitarbeitende Angehörige)	*..01*	*..02*	*..03*	*..04*
Herstellung	—	—	—	—
Verkauf	6	8	8	7
zusammen	6	8	8	7
	DM	DM	DM	DM
Umsatzanteil je Arbeitskraft	150 000	120 000	130 000	171 428
Rohgewinnanteil je Arbeitskraft	50 000	37 500	37 500	57 142
Aufwandanteil je Arbeitskraft	35 000	32 500	32 500	42 856
Reingewinnanteil je Arbeitskraft	15 000	5 000	5 000	14 280
Durchschnittlicher Warenbestand zu Einstandspreisen in DM (rund)	66 700	76 700	77 100	94 100
zu Wareneinsatz in DM	600 000	660 000	740 000	800 000
= *Lagerumschlag* (rund)	9	8,6	9,6	8,5

III. Äußerer Betriebsvergleich

		..01	*..02*	*..03*	*..04*
Rohgewinn in %	a) Firma	33,3	31,2	28,9	33,3
des wirtschaftlichen Umsatzes	b) Richtsatz	33,0	33,0	33,0	33,0
Reingewinn in %	a) Firma	10	4,2	3,9	8,3
des wirtschaftlichen Umsatzes	b) Richtsatz	10	10	10	10
Lagerumschlagszahl	a) Firma	9	8,6	9,6	8,6
	b) Bp-Archiv	9	9	9	9
Umsatzanteil	a) Firma	150 000	120 000	130 000	171 428
je Arbeitskraft in DM	b) Bp-Archiv	150 000	156 000	160 000	166 000

Als Ergebnis einer kritischen Betrachtung dieser Zahlengegenüberstellungen im Beispielsfalle wäre zu bemerken:

Rohgewinn:

Offensichtlich liegen die Rohgewinnsätze der Jahre ..02 und ..03 nach innerem und äußerem Betriebsvergleich anomal, d. h. zu niedrig. Sie bedürfen weiterer Verprobungen, z. B. durch eine kalkulatorische Umsatzberechnung an Hand des Wareneinsatzes.

Der erhebliche Unterschied in den Rohgewinnsätzen der Jahre

..03	=	28,9 %		
..04	=	33,3 %		
		62,2	:	2
		31,1 % im Jahresdurchschnitt		

läßt außerdem vermuten, daß die Warenbestände zum 31. 12. ..02 und 31. 12. ..03 nicht vollständig erfaßt sind. Diese Vermutung findet eine gewisse Bestätigung durch das Anwachsen der Lagerumschlagszahl im Jahre ..03.

(Liegt diese über dem Branchendurchschnitt, kann ein zu niedriger Ausweis der Warenbestände die Ursache sein; vgl. S. 83 ff.)

Reingewinn:

Hier weichen die Ergebnisse der Jahre ..02 bis ..04 vom Branchendurchschnitt und dem im Jahre ..01 erzielten Reingewinn nach unten ab. Die Gründe hierfür liegen

im Absinken des Rohgewinns, dessen Ursachen zu klären sind, und

im ungewöhnlichen Ansteigen einzelner Aufwandposten.

Aufwand

Die Gehälter sind in den Jahren ..02 und ..03 durch das Hinzukommen von zwei Beschäftigten so stark gestiegen, daß der Umsatzanteil je Arbeitskraft gegenüber dem Branchendurchschnitt erheblich unterschritten wird. Da kein wirtschaftlich handelnder Unternehmer mehr Arbeitskräfte als erforderlich beschäftigen wird, sind die Gründe der Vermehrung der Beschäftigtenzahl zu klären.

Die Reparaturaufwendungen unterliegen erheblichen Schwankungen. Es ist deshalb festzustellen, ob in den Jahren ..02 und ..04 auf diesem Konto aktivierungspflichtige Herstellungskosten verbucht worden sind.

Auch das Ansteigen der Reisekosten ist an der Minderung des Reingewinns in den Jahren ..02 bis ..04 beteiligt. Dieser Umstand wäre ebenfalls in die Prüfung einzubeziehen.

Betriebsvergleiche solcher Art werden beispielsweise von der amerikanischen Steuerverwaltung unter Benutzung technischer Hilfsmittel intensiv betrieben. Den auf Selbstveranlagung beruhenden Steuererklärungen sind hier die Jahresabschlüsse nach vorgeschriebenem Schema beizufügen. Das Zahlenwerk wird auf Datenträger übernommen und elektronisch ausgewertet. Damit können u. a. geprüft und einem kritischen Vergleich unterzogen werden:

der Anschluß an die Abschlußzahlen des Vorjahres,

die Höhe der Abschreibungen, prozentual,

die Aufwandgestaltung, relativ und absolut,

die Entwicklung von Umsatz und Rohgewinn usw.

Unstimmigkeiten oder Zweifel kleineren Ausmaßes werden durch schriftliche Rückfragen oder Vorladungen zur persönlichen Erörterung geklärt. Feststellungen von Gewicht werden der Betriebsprüfungsstelle zur weiteren Bearbeitung zugeleitet.

Eine solche, nach programmierten Merkmalen erfolgende Auslese der zu prüfenden Steuerfälle wird sicher nicht der Vielfalt der Verhältnisse gerecht. Eine Kombination dieses Verfahrens mit einem individuellen Abwägen der Notwendigkeit einer Prüfung im Einzelfall sowie einer begrenzten stichprobenweisen Auswahl von Prüfungsfällen wird vermutlich die optimale Lösung sein. Der Rückstand in der Erfüllung des Prüfungssolls zwingt — nicht zuletzt zur Vermeidung bedenklicher Ungleichbehandlungen — die Finanzverwaltung dazu, Maßnahmen in Richtung einer solchen methodischen Selektivprüfung zu ergreifen. Auf die Prüfung belangloser Steuerfälle wird man verzichten müssen, um sich auf die „lohnenderen“ konzentrieren zu können.

V. Vermögensaufbau und Finanzierung in bilanzkritischer Betrachtung

Zum Vermögen gehören die materiellen und immateriellen Wirtschaftsgüter eines Betriebs, während in seinen Kapitalposten die Quellen sichtbar werden, aus denen diese Wirtschaftsgüter finanziert worden sind. Beide finden in der Bilanz ihren Niederschlag. Vermögensaufbau und Finanzierung stehen für das Leben eines Unternehmens in einem schicksalhaften Verbund.

Für den Aufbau eines Unternehmens spielt die Herkunft der Mittel in rechtlicher wie in wirtschaftlicher Beziehung eine wichtige Rolle. Die Kapitalbeschaffung muß wirtschaftlich, also mit den geringstmöglichen Kosten erfolgen. Bei der Wahl der Finanzierungsmittel muß die konjunkturelle Lage berücksichtigt werden. Dies würde beispielsweise bedingen: Emission von Aktien in der Hausse, von Obligationen in der Baisse. Fremde Mittel haben feste Zinsbelastungen — „Geld kostet Geld" — unabhängig vom Umsatz und Ertrag zur Folge und engen wegen ihres Abzugs- und Prolongationsrisikos die Entscheidungsfreiheit ein. Fehldispositionen gefährden die Rentabilität, u. U. die Existenz des Unternehmens. Vermögensaufbau und Finanzierungsart bedingen eine ständige harmonische Abstimmung von Stabilität, Liquidität und Rentabilität. So sollen Gelder, die kurzfristig aufgenommen sind, auch nur kurzfristig angelegt werden (Goldene Bankregel). Anzustreben ist eine Kapitalstruktur, bei der Gewinn und Unternehmenswachstum nicht maximal, sondern optimal sind[1]). Hohe Bestände an Zahlungsmitteln sind kein Maßstab für eine gute Finanzpolitik. Diese zeigt sich vielmehr in einem ausreichenden Überschuß kurzfristig und vollwertig, oder mit nur geringem Disagio, flüssig zu machender und bis zur Verwertung ertragbringender Vermögensteile. Wie zu finanzieren ist, bestimmen nicht starre Regeln, sondern letztlich die Gewinnerwartungen und die gegebenen Möglichkeiten zur Mittelbeschaffung. Unternehmerische Betätigung heißt: Streben nach Gewinnerzielung. Gewinne lassen sich in der Regel nicht ohne Risiken erzielen. Diese müssen aber unter Kontrolle bleiben. Entscheidend ist die Aufrechterhaltung des finanziellen Gleichgewichts, d. h. die Refinanzierung des Aufwands aus dem Ertrag.

1. Vermögensaufbau

Bilanzanalysen beginnen gewöhnlich mit dem Vermögensaufbau. Für die Beurteilung der Vermögensanlagen sind grundsätzlich von Bedeutung:

---

[1]) Bei der Umwandlung in eine Kapitalgesellschaft versprach Krupp „ein ausgewogenes Verhältnis zwischen den angestrebten Geschäftsverhältnissen und den Finanzierungsmöglichkeiten".

Sicherheit gegen Werteinbußen
beispielsweise durch technisches Veralten beim Anlagevermögen, durch Verderb oder Unmodernwerden beim Vorratsvermögen, durch Ausfallrisiken bei Kundenforderungen usw. (safety first);

Realisierbarkeit
d. h. die Möglichkeit, bestimmte Vermögensteile ohne Zeiteinbuße und Wertverlust flüssig zu machen;

Ertragsfähigkeit
unmittelbare, wie z. B. verzinsliche Forderungen, mittelbare, wie z. B. Sachanlagen.

Der Vermögensaufbau wird je nach Art (Grundstoffindustrie — Handelsbetrieb) und Größe (Publikums-Kapitalgesellschaft — Einzelunternehmen) unterschiedlich sein. Absolute Zahlen besagen meist nicht viel. Es gibt jedoch eine Reihe von Verhältniszahlen mit beachtlichem Aussagewert.

a) Verhältnis Anlagevermögen zum Umlaufvermögen
(Belastung mit fixen Kosten)

Beim Anlagevermögen sind nur die Gegenstände auszuweisen, die am Abschlußstichtag bestimmt sind, dauernd dem Geschäftsbetrieb der Gesellschaft zu dienen (§ 152 Abs. 1 AktG). Zur Führung eines Betriebs ist regelmäßig ein gewisser Mindestbestand an Waren erforderlich. Deshalb wird verschiedentlich ein solcher „eiserner Bestand“[1]) ebenfalls dem Anlagevermögen zugerechnet. Das Umlaufvermögen umfaßt alle Vermögensteile, die nicht zum Anlagevermögen gehören, d. h. in erster Linie die Wirtschaftsgüter, die zum Verbrauch und zur Veräußerung bestimmt sind. Das Anlagevermögen verursacht stets fixe, das heißt vom Beschäftigungsgrad unabhängige Kosten, wie z. B. Abschreibungen, Verzinsung, Wartung, Bewachung usw. Diese Kosten fallen auch bei stilliegenden Anlagen an. Je größer das Anlagevermögen im Verhältnis zum Umlaufvermögen ist, um so höher ist die Belastung mit den nur wenig beeinflußbaren Kosten der Betriebsbereitschaft. Anlageintensive Unternehmen der Grundstoffindustrie, z. B. Stahlwerke, reagieren aus diesem Grunde bei Konjunkturschwankungen vergleichsweise empfindlicher als Handelsbetriebe.

Im Beispielsfalle (S. 21) beträgt das Verhältnis
Anlage- zu Umlaufvermögen
(prozentual zur Bilanzsumme) 45,6 : 53,4 % im Wirtschaftsjahr . .01, bzw. 44,8 : 54,1 % im Wirtschaftsjahr . . 02. Im allgemeinen wird bei Fertigungsbetrieben das Verhältnis „Anlage- zu Umlaufvermögen“ mit 60 : 40 für angemessen gehalten. Diese Relation ist im vorliegenden Falle nahezu umgekehrt, also wesentlich günstiger, so daß man hieraus auf stille Reserven beim Anlagevermögen schließen kann.

[1]) Ansatz zu Festwerten handelsrechtlich unbedenklich, wenn diese nicht höher sind als die zulässigen Höchstansätze. Nach Einkommensteuerrecht nur noch gestattet bei Hilfs- und Betriebsstoffen.

Vermögensaufbau (Positionen nach Aktiengesetz) in 1000 DM	Wirtschaftsjahr . . 01	Wirtschaftsjahr . . 02
1. *Verhältnis Anlage- zu Umlaufvermögen* (Belastung mit fixen Kosten)		
$\frac{\text{Anlagevermögen (I):}}{\text{Bilanzsumme}}$	$\frac{2\,800}{6\,140} = 45{,}6\,\%$	$\frac{3\,200}{7\,160} = 44{,}8\,\%$
$\frac{\text{Umlaufvermögen (II):}}{\text{Bilanzsumme}}$	$\frac{3\,280}{6\,140} = 53{,}4\,\%$	$\frac{3\,880}{7\,160} = 54{,}1\,\%$
2. *Betriebswirtschaftlicher Deckungsgrad*		
$\frac{\text{Eigenkapital (I, II, VIII) + langfristiges Fremdkapital}}{\text{Anlagevermögen (I)}}$	$\frac{1\,500+200+160+700}{} = \frac{2\,560}{2\,800} = 91\,\%$	$\frac{1\,500+350+190+10+250+800}{} = \frac{3\,100}{3\,200} = 97\,\%$
3. *Grad der Betriebserneuerung*		
$\frac{\text{Anlagezugänge des Wirtschaftsjahrs}}{\text{Betriebliches Anlagevermögen am Anfang des Wirtschaftsjahrs (I, 1)}}$	$\frac{1\,000}{2\,800} = 35{,}7\,\%$	$\frac{1\,800}{2\,700} = 66{,}7\,\%$
4. *Mittelbindung durch Warenvorräte*		
$\frac{\text{Warenvorräte (II, 1, 2)}}{\text{Gesamtkapital (Bilanzsumme ./. VII)}}$	$\frac{850+380}{} = \frac{1\,230}{6\,080} = 20{,}3\,\%$	$\frac{1\,050+330}{} = \frac{1\,380}{7\,040} = 19{,}7\,\%$
5. *Entwicklung der Warenforderungen*		
$\frac{\text{Warenforderungen (II, 3)}}{\text{Umlaufvermögen (II)}}$	$\frac{1\,300}{3\,280} = 39{,}6\,\%$	$\frac{1\,800}{3\,880} = 46{,}4\,\%$
6. *Risikoausgleich* (Wahrung der Gleichwertigkeit)		
$\frac{\text{Geldwerte (II, 3—6, III)}}{\text{Fremdkapital (IV, V, VI, VII)}}$	$\frac{1\,300+400+250+100+60}{} = \frac{2\,110}{4\,280} = 49{,}3\,\%$; $4\,280 = 200+700+2\,700+80$	$\frac{1\,800+150+100+450+80}{} = \frac{2\,530}{4\,860} = 53{,}0\,\%$; $4\,860 = 1\,000+800+2\,540+120$
7. *Investition je Arbeitsplatz*		
$\frac{\text{Betriebliches Anlagevermögen (I, 1)}}{\text{Beschäftigtenzahl}}$	$\frac{2\,700}{600} = 4\,500$ DM	$\frac{3\,000}{700} = 4\,300$ DM
$\frac{\text{Gebäudenutzfläche in qm}}{\text{Beschäftigtenzahl}}$	$\frac{8\,000}{600} = 13{,}3$ qm	$\frac{9\,500}{700} = 13{,}6$ qm

b) Betriebswirtschaftlicher Deckungsgrad

(Goldene Bilanzregel)

Das Anlagevermögen verliert, wie die Erfahrung lehrt, an Wert, wenn es nicht mehr einem rentierlichen Betrieb dient. Bei seiner meist längere Zeit beanspruchenden Verwertung wird oft nur ein Bruchteil der investierten Kosten erlöst. Deshalb soll tunlichst das nur schwer realisierbare Anlagevermögen durch Eigenkapital[1]) oder langfristig verfügbare Fremdmittel gedeckt sein. Dieser als „Goldene Bilanzregel" bekannte Erfahrungssatz ist selbstverständlich nur als grobe Leitlinie zu verstehen. Ein Unternehmen, das hiergegen verstößt, braucht deshalb noch nicht in Liquiditätsschwierigkeiten zu geraten. Andererseits ist eine Beachtung dieser „Goldenen Bilanzregel" kein sicherer Schutz vor Illiquidität, wenn nicht bestimmte weitere Voraussetzungen gegeben sind. Es hat sich jedoch gezeigt, daß mit der „Goldenen Bilanzregel" dem Prinzip der Gewinnmaximierung im allgemeinen am besten Rechnung getragen wird.

Eigenkapital ist frei von dem Risiko der das Gleichgewicht störenden Rückzahlungsverpflichtungen. Eine hohe Eigenkapitalquote erleichtert deshalb die Aufrechterhaltung der finanziellen Ordnung. Andererseits darf nicht übersehen werden, daß Fremdfinanzierung zwar nicht besser, oft aber billiger ist als Eigenkapital. Dies gilt besonders für Kapitalgesellschaften, bei denen der Gewinnausschüttung als Verzinsung des Eigenkapitals eine steuerliche Belastung von Gewinn und Vermögen bei der Gesellschaft als selbständigem Steuersubjekt vorangeht. Die Annahme, daß Eigenkapital immer langfristig dem Unternehmen dient, gilt nur bedingt; so kann beispielsweise bei Personengesellschaften das Eigenkapital infolge von Kündigungsmöglichkeiten nur kurzfristig verfügbar sein. Versteuerte stille Reserven sind — in der Beurteilung der Finanzierung — den Eigenkapitalkonten zuzurechnen.

Wie unterschiedlich die Finanzierung durch Eigenkapital innerhalb einzelner Industriezweige verwirklicht ist, zeigt folgende auf bilanzstatistischen Untersuchungen des Instituts für Bilanzanalyse[2]) beruhende Übersicht:

Industriezweige	**Eigenmittel, in Prozent des Anlagevermögens**
Ruhrkohlenbergbau	55,0
Energieversorgung	50,0
Eisenschaffende Industrie	48,6
Eisen- und Stahlverarbeitung	79,7
Automobilindustrie	66,0
Elektroindustrie	89,7
Chemie	75,3
Textilindustrie	88,5
Brauereien	71,5

[1]) Auch das Gesellschaftsteuerrecht geht bei Beurteilung der Frage, ob Gesellschafterdarlehen eine an sich gebotene Kapitalzuführung ersetzen, grundsätzlich davon aus, daß das Anlagevermögen voll durch Eigenkapital gedeckt wird.

[2]) Betriebswirtschafts-Magazin 12/1967, S. 627/13 161.

Nach einer Statistik der Bundesbank über die Jahresabschlüsse 1966 von mehr als 22 000 Unternehmen (veröffentlicht in FAZ vom 14. 12. 1968) ergibt sich folgende Deckung der Sachanlagen durch Eigenmittel

Wirtschaftszweig	**Eigenmittel in % der Sachanlagen**
Alle Unternehmen	74,3
Verarbeitendes Gewerbe	87,7
darunter	
Chemische Industrie	92,0
Eisen und Stahl	65,4
Maschinenbau	106,3
Straßenfahrzeugbau	93,5
Elektrotechnik	130,1
EBM-Industrie	95,4
Textilgewerbe	98,4
Nahrung und Genuß (ohne Tabakverarbeitung)	74,5
Baugewerbe	63,3
Großhandel	120,9
Einzelhandel	80,3

Diese Relation liegt in der Bundesrepublik im Vergleich zu anderen Ländern zurück. Im Beispielalle (S. 21) ist das Anlagevermögen zu 66 bzw. 72 % durch Eigenkapital gedeckt. Dieser Satz ist als günstig anzusehen. Die obere Beleihungsgrenze beträgt bei lang- und mittelfristigen Krediten im allgemeinen 40 % des modifizierten Nettobuchwerts des gesamten betrieblichen Anlagevermögens. Die Modifizierung besteht in der Hinzurechnung von Sonderabschreibungen und — erforderlichenfalls — einer Abschreibungsberechnung nach der linearen Methode.

Durch Eigenkapital und langfristig verfügbare Fremdmittel ist das Anlagevermögen nach den Zahlen des Beispielsfalles zu 91 bzw. 97 % gedeckt. Langfristige Investitionen mit kurzfristig kündbaren Fremdgeldern zu finanzieren, hat schon manche Zahlungseinstellung ausgelöst[1]). Wie die Erfahrung gelehrt hat, läßt sich trotz noch so geschickter Dispositionen aus „kurz" nicht auf die Dauer „lang" machen. Deshalb ist darauf zu achten, daß neben vorsorglich eingeholten Kreditlinien ein ausreichendes Umlaufvermögen zur Verfügung steht, damit Verzinsung und Tilgung des Fremdkapitals auch dann gesichert sind, wenn bei Absatzschwankungen das Umlaufvermögen durch Preisrückgang bei Rohstoffen und Fertigerzeugnissen, Ausfällen bei Kunden, Krediteinschränkungen usw. eine Schrumpfung erfährt.

Der Unternehmer wird ferner zu prüfen haben, ob es nicht wirtschaftlicher ist, Anlagegüter zunächst — u. U. langfristig — zu mieten und sich einen späteren Kauf vorzubehalten, d. h. die Möglichkeiten des Leasing in Anspruch zu nehmen.

---

[1]) Stinnes-Konzern, Schlieker-Werft, Borgward-Werke.

c) Grad der Betriebserneuerung

Als Maßstab dient hierfür die Höhe der Zugänge beim Sachanlagevermögen im Vergleich zu den Buchwerten am Jahresanfang. Im Beispielsfalle (S. 21) machen diese „Investitionsquoten" 35,7 % im Wirtschaftsjahr ..01 bzw. 66,7 % im Wirtschaftsjahr .. 02 aus, d. h. sie liegen verhältnismäßig hoch. Im allgemeinen liegen diese Sätze

innerhalb der Grundstoffindustrie durchschnittlich bei 20 %,

innerhalb der verarbeitenden Industrie durchschnittlich bei 35 %.

Wenn auch der Prozentsatz der Zuwachsrate in erheblichem Maße von der Abschreibungspolitik abhängig ist, erlaubt er doch aufschlußreiche Vergleiche mit anderen Unternehmen und der Branche.

Hohe Investitionen müssen sich nicht immer positiv auswirken; denn bei neuen Investitionen ist deren Rentabilität von Einfluß auf die durchschnittliche Rentabilität des Unternehmens. Je nachdem, ob die „Grenzrentabilität"[1]) höher oder geringer ist, erhöht oder vermindert sie die bisherige Durchschnittsrentabilität.

d) Mittelbindung durch Warenvorräte

Höhe und Umfang der Warenvorräte haben dem Auftragsbestand und der Umschlagshäufigkeit zu entsprechen. Das Verhältnis

„Warenvorräte zu Gesamtkapital"

zeigt, in welchem Umfange — abgesehen von stillen Reserven — durch die Warenbestände Mittel gebunden sind. Überhöhte Warenvorräte verursachen vermeidbare Zinsverluste und führen u. U. zur Illiquidität; zu geringe Warenvorräte können den Betriebsablauf hemmen und die Wettbewerbsfähigkeit mindern. Oft entzieht sich jedoch die Höhe der Lagerbestände der eigenen Disposition; z. B. wenn bei technisch bedingter konstanter Produktionshöhe die geplante Absatzmenge infolge anormaler Witterungsverhältnisse nicht erreicht wird. (Von der Wirtschaft wird deshalb eine permanente Erreichung des optimalen Lagerbestandes angestrebt.)

Im Beispielsfall (S. 21) beträgt die Verhältniszahl 20,3 % bzw. 19,7 % vom Gesamtkapital. Dieser Prozentsatz kann nur im Rahmen der Branche und der dort üblichen Umschlagshäufigkeit beurteilt werden. Im allgemeinen sollen die Warenvorräte 50 % des Umlaufvermögens nicht übersteigen; nach den Zahlen im Beispielsfall ist ihr prozentualer Anteil am Umlaufvermögen:

$$\text{in .. 01} \quad \frac{1\,230}{3\,280} = \text{rd. } 37{,}5\,\%$$

$$\text{in .. 02} \quad \frac{1\,380}{3\,880} = \text{rd. } 35{,}5\,\%$$

Im übrigen sollte der durchschnittliche Lagerbestand (= eiserner Bestand) wie das Anlagevermögen möglichst durch langfristiges Fremdkapital oder

[1]) Grenzkosten sind die Kosten der letzten produzierten Mengeneinheit.

Eigenkapital gedeckt sein (s. S. 34). Dieses Ziel wurde im Beispielsfall nicht erreicht, das Deckungsverhältnis im Zweitjahr jedoch verbessert, wie nachstehende Zahlengegenüberstellung zeigt:

	Wirtschaftsjahr . . 01	Wirtschaftsjahr . . 02
Anlagevermögen	2 800	3 200
Warenvorräte	1 230	1 380
	4 030	4 580
Eigenkapital	1 860	2 300
Langfristiges Fremdkapital	700	800
	2 560	3 100
Deckungsverhältnis	64,0 %	67,8 %

e) Entwicklung des Bestandes an Warenforderungen

Neben den Warenvorräten sind die Warenforderungen die wichtigste Größe im Umlaufvermögen. Stellt man ihre Entwicklung nicht in prozentualer Beziehung zur Bilanzsumme, sondern zum Umlaufvermögen, so bleibt sie in ihrer relativen Höhe von den Veränderungen im Anlagevermögen unbeeinflußt, ihre Bedeutung innerhalb des Umlaufvermögens tritt dagegen hervor. Überhöhte Außenstände bringen Zinsverluste und zwingen oft zur Aufnahme teurer Kredite. Der Unternehmer wird dann zu prüfen haben, ob er sich nicht besser des Faktoringsystems bedient, wobei der Faktor diese Forderungen aufkauft und in eigenem Namen einzieht. Eine solche Entscheidung würde erleichtert, wenn die Jahresabschlüsse den Überhang von Forderungen erkennen lassen, deren Fälligkeit bereits eingetreten ist;

z. B. Wirtschaftsjahr	. . 01	in %	. . 02	in %
Warenforderungen, insgesamt	1 590 000	100	2 340 000	100
davon				
bis zu 6 Monaten überfällig				
Zahl	40		45	
Betrag	460 000	28,9	900 000	38,5
mehr als 6 Monate überfällig				
Zahl	10		12	
Betrag	130 000	8,2	140 000	5,9
mehr als 1 Jahr Restlaufwert				
Zahl	2		3	
Betrag	159 000	10,0	351 000	15,0

Daraus ergeben sich zugleich Anhaltspunkte für die Bemessung der Delkredere-Wertberichtigung in der Steuer-Bilanz. Die Besprechung der Position „Debitoren" bei den Pflichtprüfungen erstreckt sich meist auf eine gruppenweise Darstellung der Zusammensetzung der Forderungen nach ihrer Höhe — in Zahl der Einzelforderungen und Anteil am Forderungsbestand — sowie ihres Ausgleichs, beispielsweise innerhalb von zwei Monaten nach Bilanzstichtag. (Vgl. Beispiel auf S. 46.)

Im Beispielsfall (S. 21) betrug der prozentuale Anteil der Warenforderungen bezogen auf

	Bilanzsumme	Umlaufvermögen
im Wirtschaftsjahr ..01	21,1 %	39,6 %
im Wirtschaftsjahr ..02	25,1 %	46,4 %

d. h., beide Relationen lassen ein starkes Anwachsen der Warenforderungen erkennen, das nicht auf eine Verschlechterung der Zahlungsbereitschaft der Kunden (s. S. 47), sondern auf die Geschäftsausweitung (Umsatzsteigerung von 37 %) zurückzuführen sein dürfte.

f) Risiko-Ausgleich

gehört zu den vornehmlichen Aufgaben der Unternehmensleitung und kann in verschiedenster Weise erfolgen; z. B.

hinsichtlich des Geschäftszweiges durch Kombination konjunkturempfindlicher mit konjunkturunempfindlichen Geschäften (beispielsweise Warenhauskonzerne mit Häusern höherer und niedrigerer Preislage, Herstellung absatzgefährdeter Modeartikel und verbrauchsbeständiger Nahrungsmittel, Vertrieb von Spirituosen und Fruchtsäften),

durch räumliche Vermögensverteilung, z. B. Zweigbetriebe im Ausland, Betriebsaufspaltung z. B. in Besitz- und Betriebsfirmen;

im zeitlichen Ablauf der Geschäfte, etwa hinsichtlich der Fälligkeit von Verbindlichkeiten;

durch Abschluß von Rückversicherungsverträgen.

In Zeiten schwankenden Geldwertes kommt der Verteilung zwischen Geld- und Sachvermögen besondere Bedeutung zu. Durch Aufrechterhaltung des Grundsatzes der Gleichwertigkeit der Vermögens- und Kapitalstruktur kann den nachteiligen Folgen von Währungsschwankungen entgegengewirkt werden. Entscheidend ist hier das Verhältnis

Fremdkapital zu Sach- bzw. Geldwerten.

Überwiegt das Fremdkapital gegenüber den Geldwerten, erwachsen bei sinkenden Geldwerten Vorteile, da die Fremdmittel dann zum Teil im wertbeständigen Sachvermögen angelegt sind.

Im Beispielsfall (S. 21) sind vom Eigen- und Fremdkapital in Geld- und Sachwerten angelegt:

Aktiva	1 000 DM	Wirtschafts-jahr ..01		1 000 DM	Passiva
Sachwerte	4 030	65,7 %	Eigenkapital	1 860	30,3 %
Geldwerte	2 110	34,3 %	Fremdkapital	4 280	69,7 %
	6 140	100,0 %		6 140	100,0 %

Es stehen also im

	Wirtschaftsjahr . . 01	Wirtschaftsjahr . . 02
dem Fremdkapital von	4 280 = 100,0 %	4 860 = 100,0 %
an Geldwerten gegenüber,	2 110 = 49,3 %	2 580 = 53,0 %
so daß auf Sachwerte	2 170 = 50,7 %	2 280 = 47,0 %

entfallen, d. h. also, daß rd. die Hälfte des Fremdkapitals in Sachvermögen angelegt wurde, das von einem Sinken der Geldwerte unberührt bleibt.

g) Investition je Arbeitsplatz

Als Kennzahl für den Betriebsvergleich dient das für den Arbeitsplatz investierte Anlagevermögen. Im Beispielsfalle (S. 21) beträgt es:

im Wirtschaftsjahr . . 01	im Wirtschaftsjahr . . 02
2 700 000 : 600 = 4500,— DM	3 000 000 : 700 = 4300,— DM

Ergänzend hierzu kann die Relation „Gebäudenutzfläche : Beschäftigtenzahl" dienen

im Wirtschaftsjahr . . 01	im Wirtschaftsjahr . . 02
8000 : 600 = 13,3 qm	9500 : 700 = 13,6 qm

Die durch Zunahme der Beschäftigtenzahl offenbar verursachte Vergrößerung der Gebäudenutzfläche hat zugleich zu einer räumlichen Verbesserung je Arbeitsplatz geführt, möglicherweise auch insoweit zu einer gewissen Kapazitäts-Reserve.

2. Finanzierung

Unter Finanzierung wird die zur Begründung und Erhaltung von Vermögenswerten erforderliche Beschaffung von Eigen- und Fremdkapital in Geld- und Sachwerten verstanden. Im weiteren Sinne fallen hierunter alle Transaktionen, die im Betriebsablauf zu Veränderungen in der Zusammensetzung der Vermögenswerte oder zu Umgruppierungen der Eigenkapital- und Schuldposten führen.

Die Zusammenhänge in der Finanzierung eines Unternehmens können zweckmäßig durch eine „Bewegungs-Bilanz" aufgezeigt werden. Grundgedanke ist hierbei, daß das Sichtbarwerden der Veränderungen der einzelnen Bilanzgrößen wichtiger für die Unternehmens-Beurteilung sein kann als die Kenntnis der Bestände zu den Abschlußzeitpunkten. Durch Gegenüberstellung der Veränderungen (+ oder ./.) bei den einzelnen Vermögens- oder Schuldposten der Bilanz innerhalb zweier aufeinanderfolgender Wirtschaftsabschnitte in Kontenform wird ersichtlich, aus welchen Quellen dem Unternehmen die Mittel zugeflossen sind (Mittelherkunft) und zu welchen Zwecken sie Verwendung gefunden haben (Mittelverwendung). Eine solche Differenzrechnung zwischen zwei Bestands-Bilanzen (Bewegungsbilanz) verdeutlicht nicht die Finanzierung im einzelnen, wohl aber den

Wertefluß ingesamt innerhalb des Wirtschaftsjahres. Eine exakte Zuordnung der Einnahmen zu bestimmten Ausgaben ist ohnehin praktisch unmöglich, da im Zuge der wirtschaftenden Tätigkeit des Betriebs das Anfallen und die Verwendung der Mittel laufend ineinander übergehen.

Die Mittelverwendung (Soll) zeigt sich in

Anlage-Investitionen,

Stärkung des Umlaufvermögens,

Abbau von Verbindlichkeiten,

Gewinnverwendung.

Die Quellen (Haben) hierzu beruhen — abgesehen von Vermögensumschichtungen (Umfinanzierungen) — auf

Eigenfinanzierung, z. B. Einlagen, Kapitalerhöhung durch Aufnahme neuer Gesellschafter,

Innenfinanzierung, z. B. durch Anlagen-Abschreibung, und Gewinn einschl. Rücklagenbildung (Selbstfinanzierung),

Fremdfinanzierung, z. B. Bankkredit.

Die aus der Veränderung der Aktiva und Passiva resultierenden Plus- und Minus-Posten müssen sich — unter Einbeziehung des laufenden Gewinns und der Gewinnverwendung — decken.

Beispiel einer Bewegungsbilanz (siehe Seite 41)

Wie allgemein bei bilanzanalytischen Betrachtungen gilt auch für die Bewegungsbilanz der Vorbehalt, daß ihr Ergebnis durch Bildung und Auflösung stiller Reserven beeinflußt sein kann.

Auch das Finanzierungsbild eines Unternehmens läßt sich durch eine Reihe von Verhältniszahlen beleuchten.

a) Finanzielle Abhängigkeit (Verschuldungs-Koeffizient)

Das Eigenkapital bildet rechtlich gewissermaßen den Garantiefonds des Unternehmens. Je nach Unternehmensform werden die haftenden Mittel verschieden benannt. Zum Eigenkapital zählen auch einige Positionen, deren Bildung steuerlich gestattet ist; z. B.

Rücklagen für Ersatzbeschaffungen (Abschn. 35 EStR),

Preissteigerungsrücklagen (§ 74 EStDV),

Sonderabschreibungen für bestimmte Zwecke nach § 51 EStG.

Diese Rücklagen haben nur insoweit echten Eigenkapitalcharakter, als sie über das wirtschaftlich erforderliche Maß hinausgehen, abzüglich der bei ihrer Auflösung zu zahlenden Steuern. Von der finanziellen Wirkung her betrachtet — nicht rechtlich — kann das sog. „Sozialkapital“

Bewegungsbilanz
(in 1 000 DM)

	Wirtschaftsjahr . . 02		
	DM	DM	%
Mittelverwendung:			
I. *Investierung in Anlagen*			
1. Betriebliches Anlagevermögen	1 800		
2. Finanzielles Anlagevermögen	100	1 900	57,9
II. *Vermehrung des Umlaufvermögens*			
1. Roh-, Hilfs- und Betriebsstoffe	200		
2. Forderungen aus Warenlieferungen und Leistungen	500		
3. Sonstige Forderungen	350		
4. Posten der Rechnungsabgrenzung	20	1 070	32,6
III. *Minderung von Verbindlichkeiten*			
1. Warenverbindlichkeiten	100		
2. Sonstige Verbindlichkeiten	60	160	4,9
IV. *Gewinnverwendung*			
1. Zuführung zu Rücklagen	150		
2. Dividenden-Auszahlung	—	150	4,6
		3 280	100,0
Mittelherkunft:			
I. *Eigenfinanzierung*		—	—
II. *Innenfinanzierung*			
1. Finanzierung aus Abschreibungen		1 500	45,7
2. Minderung im Umlaufvermögen			
a) Halbfertige und fertige Erzeugnisse	50		
b) Geldbestände	250		
c) Besitzwechsel	150	450	13,7
3. Gewinn			
a) Gewinn des laufenden Jahres	190		
b) Gewinnvortrag aus Vorjahr	150	340	10,4
4. Bildung einer Ersatzbeschaffungsrücklage		250	7,6
III. *Fremdfinanzierung*			
1. Erhöhung der Rückstellung		200	6,1
2. Erhöhung der Verbindlichkeiten			
a) Darlehn	200		
b) Bankkredit	100		
c) Eigene Akzepte	200	500	15,3
3. Erhöhung der passiven Rechnungsabgrenzung		40	1,2
		3 280	100,0

(= Rückstellungen für Pensionen und Altersfürsorge) mit gewisser Einschränkung wie Eigenkapital angesehen werden. Wenn auch die Zahlungen an ausgeschiedene Belegschaftsangehörige zu einer Beanspruchung der Rückstellungen führen, erhöhen sie sich andererseits durch neu eintretende Pensionsanwärter; d. h. das Sozialkapital wird sich bei einem gesund laufenden Unternehmen, wenn keine wesentliche Verringerung der Belegschaft eintritt, kaum vermindern. (S. hierzu S. 51 ff.)

Die Relation

„Eigenkapital : Fremdkapital"

zeigt den Grad der Deckung des Fremdkapitals durch eigene Mittel und damit die finanzielle Abhängigkeit bzw. Krisenfestigkeit. Als wünschenswertes Finanzierungsziel gilt, daß die Gläubiger des Unternehmens nicht mehr zum Gesamtkapital beisteuern sollen als die Eigentümer selbst. Leider ist das bilanzmäßig ausgewiesene Eigenkapital keine absolut zu nehmende Größe, da meist nicht bekannt ist, inwieweit sie durch Bilanzierungsmethoden, z. B. hinsichtlich des Ausweises von Pensionsverpflichtungen, und Bewertung, besonders die Legung stiller Reserven, beeinflußt worden ist.
(Vgl. hierzu S. 52.)

Im Beispiel (S. 21) entfallen auf das

Wirtschaftsjahr	..01	..02
Eigenkapital	30,3 %	32,1 %
Fremdkapital	69,7 %	67,9 %
Bilanzsumme	100 %	100 %

Diese Sätze liegen noch unter dem für Industrie-Unternehmen allgemein als zu niedrig angesehenem Verhältnis, zeigen aber im Wj. ...02 eine leichte Verbesserung. Naturgemäß bestehen hinsichtlich dieser Relation bei den einzelnen Wirtschaftszweigen unterschiedliche Vorstellungen. So gilt es für Geschäftsbanken als ein ungeschriebens, aber ängstlich respektiertes Gesetz, daß mindestens 5 % der Bilanzsumme durch Eigenkapital gedeckt sind. Nach Ansicht mancher Bilanzkritiker ist ein Unternehmen dann als „gesund" anzusehen, wenn das langfristige Fremdkapital (ohne Pensions- und sonstige Rückstellungen) nicht mehr als 60 % des haftenden Eigenkapitals ausmacht.

Eine Kreditwürdigkeits-Prüfung könnte sich mit dieser einzelnen Relation nicht begnügen. Es müßten noch mehrere Kennzahlen zur Vermögens-, Rentabilitäts- und Liquiditätslage sowie Zahlen über die Auftrags-, Umsatz- und Kostenentwicklung beigezogen werden.

Vom Fremdkapital entfällt gewöhnlich 1/3 auf langfristige Verbindlichkeiten, im Beispielsfall (S. 21) jedoch nur rd. 18 % $\left(\frac{700}{4200}\right)$ bzw. rd. 17 % $\left(\frac{800}{4700}\right)$. Anscheinend zeigt dies eine bisher nicht ausgeschöpfte Finanzierungsmöglichkeit.

Die Aufnahme von Geldschulden ist dann gerechtfertigt, wenn damit nutzbringende Umsatzsteigerungen oder günstigere Einkaufsbedingungen er-

Finanzierungen

	Wirtschaftsjahr . . 01	Wirtschaftsjahr . . 02
1. Finanzielle Abhängigkeit		
Eigenkapital (I, II, III, VIII) / Fremdkapital (IV, V, VI, VII) (Prozentsätze bezogen auf die Bilanzsumme)	$\frac{1\,500+200+160}{} = \frac{1\,860}{4\,280}$; 1 860 = 30,3 %; 4 280 = 69,7 %; = 800+700+2 700 +80	$1\,500+350+250+190+10 = \frac{2\,300}{4\,860}$; 2 300 = 32,1 %; 4 860 = 67,9 %; = 1 000+800+2 940 +120
2. Finanzierungsrisiko		
Kurzfristiges Fremdkapital ($^2/_3$ von VI, 1, 3, und 4, $^1/_2$ von IV) / Gesamtkapital (I—VI, VIII) (Bankkredit = mittelfristig)	800+432+166 +400 $= \frac{1\,798}{6\,060} = 29{,}6$ %	732+566+126 +500 $= \frac{1\,924}{7\,040} = 27{,}3$ %
3. Bankabhängigkeit		
Eigenkapital (I, II, III, VIII) / Bankschulden (VI, 2)	$\frac{1\,860}{600} = \frac{3{,}1}{1}$	$\frac{2\,300}{800} = \frac{2{,}9}{1}$
4. Kreditgeschäfte — Risikoausgleich		
Warenverbindlichkeiten (VI, 1) + Akzepte (VI, I) / Kundenforderungen (II, 3) + Besitzwechsel (II, 5)	1 200+650 $= \frac{1\,850}{1\,550} = 119$ % = 1 300+250	1 100+850 $= \frac{1\,950}{1\,900} = 103$ % = 1 800+100
5. Kreditanspannung		
Eigene Akzepte (VI, 3) / Warenverbindlichkeiten (VI, 1)	$\frac{650}{1\,200} = 54$ %	$\frac{850}{1\,100} = 77$ %
6. Kreditbeanspruchung durch Kunden		
Kundenforderungen + Besitzwechsel (II, 3 + II, 5) / Jahresumsatz (Erlöse)	1 300+250 $= \frac{1\,550}{12\,340} = 12{,}6$ %	1 800+100 $= \frac{1\,900}{16\,900} = 11{,}2$ %
zeitlich (Prozentsatz, auf das Jahr = 365 Tage bezogen)	= 46 Tage	= 41 Tage
7. Inanspruchnahme von Lieferantenkrediten		
Lieferantenverbindlichkeiten (VI, 1) + Akzepte (VI, 3) / Wareneingang[1])	$\frac{1\,850}{2\,400} = 77$ %	$\frac{1\,950}{3\,300} = 59$ %
zeitlich (Prozentsatz, auf das Jahr = 365 Tage bezogen)	= 280 Tage	= 215 Tage

[1]) Wj. . . . 01: angenommen in gleicher Höhe wie Wareneinsatz
Wj. . . . 02: 3100 + Bestandszunahme (200)

reicht werden können. So kann sich die durch Aufnahme eines Kredits ermöglichte Ausnutzung des Lieferanten-Skontos sehr vorteilhaft auswirken.

Beispiel:

Warenbezug innerhalb eines Jahres		800 000 DM
Zahlungsbedingungen der Lieferanten: innerhalb von 10 Tagen mit 3 % Skonto oder innerhalb von 60 Tagen netto, Bankzinssatz: 8 %		

Um — zwecks Skonto-Ausnutzung — 50 Tage früher die Lieferanten bezahlen zu können, würde die Aufnahme eines Bankkredits folgende Zinsbelastung bringen:

$$\frac{800\,000 \times 8 \times 50}{360 \times 100}$$

Zinsbelastung	=	8 888,— DM
demgegenüber Skonto-Ertrag = 3 % von 800 000,— DM	=	24 000,— DM
Finanzierungs-Vorteil durch Kreditaufnahme		15 112,— DM

Bei der Entscheidung, ob Eigen- oder Fremdfinanzierung zu wählen ist, spielt die unterschiedliche steuerliche Auswirkung eine wesentliche Rolle. Zinsen für Fremdkapital mindern den Gewinn und damit die steuerliche Zahllast. Bei langfristigem Kapital (Dauerschulden) kommt jedoch die Belastung durch die Gewerbesteuer hinzu; dies bewirkt eine effektive Erhöhung des Zinses um etwa 1,5 %. Eine Erhöhung des Gesellschaftskapitals „kostet" trotz des gespaltenen Körperschaftsteuersatzes erheblich mehr; so ergibt eine Netto-Dividende von 8 % eine „Bruttobelastung" von etwa 12 %.

Zeiten der Hochkonjunktur verführen zur Expansion mit Hilfe fremder Mittel. Dieser Weg ist jedoch nur dann wirtschaftlich vertretbar, wenn er lediglich vorübergehend beschritten und mit einer finanziellen Konsolidierung verbunden wird. In Zeiten der Rezession wird nämlich der Unternehmer feststellen müssen, daß die Rentabilität empfindlich leidet, wenn „ihm sein Anzug um einige Nummern zu groß ist". „Gesundschrumpfungs-Prozesse" bei ungenügendem Eigenkapital sind durch den Zangengriff sinkender Kapazitätsausnutzung und steigenden Zinsaufwands besonders schmerzhaft.

In diesem Zusammenhang sollten die Haftungsverhältnisse nicht unbeachtet bleiben. Sie sind nach § 152 Abs. 5 AktG von den Aktiengesellschaften im Jahresabschluß anzugeben, auch wenn ihnen Rückgriffsforderungen gegenüberstehen. Als Eventualverpflichtungen kommen vor allem in Betracht: Wechselobligo, Bürgschaften, Bestellung von Sicherheiten für fremde Verbindlichkeiten. Zweckmäßigerweise wird ihre Entwicklung mit der des Eigenkapitals verglichen.

b) Finanzierungsrisiko (Anspannungs-Koeffizient)

Die Art der Finanzierung muß dem Risiko der Investitionen gerecht werden. Kurzfristig in Anspruch genommenes Fremdkapital ist im Vergleich zum Gesamtkapital ein Gradmesser des akuten Finanzierungsrisikos. Deshalb ist diese Relation bei Banken und Lieferanten für die Bemessung der Kreditlinien von entscheidender Bedeutung. Als kurzfristiges Fremdkapital können im Regelfall in etwa angenommen werden:

2/3 der Warenverbindlichkeiten,

2/3 der Akzepte,

2/3 der sonstigen Verbindlichkeiten,

1/2 der Rückstellungen.

Bankkredite stehen gewöhnlich mittel- und langfristig zur Verfügung.

Unter Anwendung dieses Maßstabs macht im Beispielsfall (S. 21) die kurzfristige Verschuldung im Vergleich zum Gesamtkapital aus:

Im Wirtschaftsjahr	..01	..02
$\frac{\text{Kurzfristiges Fremdkapital}}{\text{Gesamtkapital}}$	$\frac{1\,798}{6\,060} = 29{,}6\,\%$	$\frac{1\,924}{7\,040} = 27{,}3\,\%$
	(Berechnung s. S. 43)	

Sie ist verhältnismäßig hoch, zeigt aber im Wj. ...02 eine leichte Besserung.

Zur Beurteilung des Risikos einer kurzfristigen Fremdfinanzierung dient ein Vergleich mit dem kurzfristig realisierbaren Umlaufvermögen, das möglichst überwiegen soll (s. Liquiditätsuntersuchung S. 64 ff.).

c) Bankenabhängigkeit

Je günstiger das Verhältnis

„Eigenkapital : Bankschulden“

ist, um so unabhängiger ist ein Unternehmen gegenüber den Banken. Das muß nicht immer zum Vorteil gereichen. So hat sich erwiesen, daß manche Zahlungseinstellung vermeidbar gewesen wäre, wenn eine starke Hausbank rechtzeitig beratend und stützend zugezogen worden wäre.

Im Beispielsfall (S. 21) ist das Verhältnis „Eigenkapital : Bankschulden“ 3,1 bzw. 2,9 : 1, eine durchaus günstige Relation. Nicht mit Unrecht pflegen Banken die Kreditlinie am Eigenkapital zu messen, wobei sie gern eine doppelte Sicherung des Kredits durch Eigenkapital sehen.

d) Kreditgeschäfte und Risikoausgleich

Nach einer Faustregel sollen die aufgenommenen Warenkredite (Warenverbindlichkeiten + Akzepte) nicht größer als der weitergegebene Kredit (Kundenforderungen + Besitzwechsel) sein. Das entspricht dem Erfordernis des Risikoausgleichs (s. o.) und der anzustrebenden Übereinstimmung in der Fristigkeit von Forderungen und Verbindlichkeiten. Branchenmäßige Besonderheiten können Abweichungen von dieser Regel bedingen.

Im Beispielsfall (S. 21) ist das Gleichgewicht nicht ganz erreicht. Der aufgenommene Lieferanten-Kredit übersteigt den weitergegebenen Kunden-Kredit um rund 19 bzw. 3 %.

Wichtig ist bei den Liefer-Forderungen die Risiko-Verteilung der Größenordnung nach. Bei den Verbindlichkeiten ist die Frage von Bedeutung, wofür im einzelnen die Verpflichtungen eingegangen sind.

Diesen Gesichtspunkten dienen folgende, bei Pflichtprüfungen übliche Aufgliederungen:

Debitorenbestand am 31. 12. . . 01:

Anzahl	Größenordnung	Betrag	Prozent
. . . . . .	bis 500 DM	. . . .	. . . .
. . . . . .	500 — 1 000 DM	. . . .	. . . .
. . . . . .	1 000 — 5 000 DM	. . . .	. . . .
. . . . . .	5 000 — 10 000 DM	. . . .	. . . .
. . . . . .	über 10 000 DM	. . . .	. . . .
. . . . . .		. . . . . DM	100 %
./. Wertberichtigung		. . . . . DM	. . . %
		. . . . . DM	. . . %

Kreditorenbestand zum 31. 12. . . 01:

Verbindlichkeiten für Rohstoffe	. . . . DM
Hilfs- und Betriebsstoffe	. . . . DM
Anlagenbeschaffung	. . . . DM
Betriebliche Aufwendungen	. . . . DM
Verwaltungskosten	. . . . DM
Vertriebskosten	. . . . DM
	. . . . DM

Solche Aufgliederungen tragen zur Transparenz der Rechnungslegung bei.

e) Kreditanspannung

Die Verhältniszahl

„Eigene Akzepte : Warenverbindlichkeiten"

ist ein Indiz für die Kreditanspannung. Je niedriger die Akzeptverbindlichkeiten gegenüber den Warenverbindlichkeiten sind, desto geringer ist die Kreditanspannung einzuschätzen.

Im Beispielsfall (S. 21) betragen die eigenen Akzepte 54 bzw. 77 % der Warenverbindlichkeiten, eine Entwicklung, die auf zunehmende Ausschöpfung des Lieferantenkredits schließen läßt. Eine starke Inanspruchnahme des Akzeptkredits, gewöhnlich verbunden mit dem Nichtausnutzen der Skontomöglichkeit, verschlechtert die Rentabilität in doppelter Hinsicht, nämlich durch höheren Zinsaufwand und geringeren Skontoertrag.

f) Kreditbeanspruchung durch Kunden

Die Zahlungsbereitschaft der Kunden zeigt sich in dem Verhältnis

„Außenstände einschließlich Besitzwechsel : Jahresumsatz".

Sieht man diese Relation zeitlich, so gibt sie einen Anhaltspunkt über die durchschnittliche Laufzeit der Außenstände, sofern die Verhältnisse zum Bilanzstichtag insoweit nicht anomal sind, d. h. etwa wegen des Weihnachtsgeschäfts die Außenstände außergewöhnlich hoch sind, oder ein größerer „Bodensatz" an überfälligen Forderungen besteht. Diese „Unebenheiten" lassen sich an Hand der Monatsbestände durch Errechnung eines „durchschnittlichen Forderungsbestandes" weitgehend beheben.

Nach den Zahlen des Beispiels (S. 21) beträgt die durchschnittliche Laufzeit der Außenstände (entsprechend der Berechnung auf S. 43) 46 bzw. 41 Tage, sie hat sich also leicht verbessert[1]).

Eine Verfeinerung der Berechnung der durchschnittlichen Laufzeit der Debitoren ist dadurch möglich, daß vom Gesamtumsatz die Barverkäufe und die unter Skontoabzug kurzfristig ausgeglichenen Kreditumsätze abgesetzt werden. Der unter Skontoabzug beglichene Kreditumsatz läßt sich wie folgt schätzen:

$$\text{Skontierter Kreditumsatz} = \frac{100 \times \text{Skontoabzug}}{\text{Skontosatz}}$$

Betrügen beispielsweise im Wj. . . . 02

die Barverkäufe	1,0 Mill. DM,
der Skontoabzug	36 000 DM,
bei einem Skontosatz von	2 %,

so ergäbe sich folgende variierte Laufzeit-Berechnung:

Gesamtumsatz		16 900 000 DM
./. Barverkäufe		1 000 000 DM
		15 900 000 DM
./. skontierter Kreditumsatz $= \frac{100 \times 36\,000}{2} =$		1 800 000 DM
echter Kreditumsatz		14 100 000 DM
Debitoren, insgesamt	1 900 000	
./. mutmaßlich unter Skonto-Abzug zur Regulierung kommende Debitoren $\frac{1\,800\,000}{15\,900\,000} = 11{,}3\,\% =$ rd.	215 000	1 685 000 DM
in Prozent des echten Kreditumsatzes rd.		12 %
bezogen auf 365 Tage ergibt eine Laufzeit von rd.		44 Tagen

[1]) Die steuerliche Betriebsprüfung gewinnt aus dieser Kennzahl Erkenntnisse zur Beurteilung der Delkredere-Bemessung; einerseits hinsichtlich der Berücksichtigung eines Zinsverlusts bis zum Eingang der Forderungen, andererseits im Hinblick auf die durch den Zahlungseingang bis zum Zeitpunkt der Bilanzaufstellung bewirkte „Werterhellung".

Diese Untersuchung ist für die eigenen Zahlungsdispositionen wertvoll. Zugleich verschafft sie einen Maßstab für die Beurteilung, inwieweit die Einziehung der Außenstände wirksam und rationell erfolgt. U. U. kann hier der Einsatz datenverarbeitender Anlagen einen besseren Wirkungsgrad erzielen.

g) Inanspruchnahme von Lieferantenkrediten

Die meisten Lieferanten gewähren ihren Abnehmern, mit denen sie in regelmäßigen Geschäftsbeziehungen stehen, Zahlungsziele, zum Teil von mehreren Monaten. Zur Sicherung dient vielfach nur der Eigentumsvorbehalt an den gelieferten Waren. Eine Ausweitung des Lieferantenkredits ist oft leichter, als einen Bankkredit zu erhalten. Wegen der entgehenden Skontomöglichkeiten (s. a. S. 44) und einer gewissen Abhängigkeit im Warenbezug, z. B. Einräumung von Belieferungsrechten, ist diese Finanzierung wirtschaftlich nicht immer die beste.

Im Beispielsfall (S. 21 bzw. 43) beträgt die durchschnittliche Laufzeit der Lieferantenkredite 280 bzw. 215 Tage, eine außergewöhnlich hohe Frist, die den Eindruck der Illiquidität erweckt. Näher liegt die Vermutung, daß die ungewöhnlich starke Inanspruchnahme von Lieferantenkrediten die finanzielle Anspannung überbrücken soll.

Wie gefährlich eine übermäßige Inanspruchnahme von Lieferantenkrediten sein kann, zeigte der Zusammenbruch des Automobil-Konzerns Borgward, eines Unternehmens von 600 Mill. DM Umsatz mit einem Fortführungswert, d. h. Netto-Zeitwert, von 120 Mill. DM. In seinem Rechenschaftsbericht stellte der Bremer Senat hierzu fest:

„Statt seine Firmen rechtzeitig durch langfristige Bankkredite zu fundieren oder zusätzliches Kapital durch Hereinnahme finanzstarker Partner in seine Gesellschaft heranzuziehen, was beides bei der Expansion seiner Unternehmen unumgänglich erforderlich gewesen wäre, hat er den vom Jahre 1949 an ständig wachsenden Finanzbedarf seines Konzerns durch immer weitere Streckung der Zahlungsfristen für seine Lieferanten zu decken gesucht. Das Ergebnis dieser Geschäftsgebarung war, daß die kurzfristigen Schulden des Konzerns, die im Jahre 1950 rund 2 Mill. DM betragen hatten, gegen Mitte des Jahres 1960 auf 200 Mill. DM (davon 151 Mill. DM Lieferantenverbindlichkeiten) angewachsen waren! (Zu diesem Zeitpunkt bestanden keine langfristigen Bankschulden.)“

h) Selbstfinanzierung

Während unter Eigenfinanzierung die Aufbringung des Kapitals von außen durch die bisherigen Eigentümer oder neue Eigentümer (= Beteiligungsfinanzierung) verstanden wird, z. B. durch Einlagen, Ausgabe neuer Aktien, erfolgt die Selbstfinanzierung von innen, einmal durch die Einbeziehung der Abschreibungen, Pensionsrückstellungen usw. in die Kalkulation des Kostenpreises[1]), zum anderen durch Zurückhaltung von

---

[1]) Hier spricht man in der Literatur auch von „interner Zwischenfinanzierung“, vgl. H. Sellien, „Finanzierung und Finanzplanung“, Wiesbaden 1964, S. 93.

Gewinnen (Überschußfinanzierung) bzw. die Bildung stiller Reserven[1]). Ob die auf diese Weise im Unternehmen bleibenden Mittel zur Reinvestition oder für andere Finanzierungszwecke, z. B. Schuldentilgung, Bezahlung von Umlaufgütern, verwendet werden, ist für den Begriff „Selbstfinanzierung" unerheblich. Gegen die Selbstfinanzierung werden — zum Teil nicht unberechtigte — Bedenken geltend gemacht, nämlich daß sie die Unternehmen zu Investitionen befähige, über deren volkswirtschaftliche Zweckmäßigkeit der Markt keine „Kontrolle" ausüben könne. Betriebswirtschaftlich gesehen, ist die Selbstfinanzierung, sinn- und maßvoll betrieben, eine unternehmerische Notwendigkeit.

ha) Selbstfinanzierung des Anlagevermögens durch Abschreibungen

Abschreibungen gehen in die Kostenrechnung ein. Finden sie im Preis ihre Deckung, so erfolgt die Finanzierung der Anlagezugänge (Investierungen) über die Erlöse. Zugleich mindern die Abschreibungen, soweit sie nicht nur kalkulatorisch erfolgen, das Jahresergebnis, d. h. den ausschüttbaren und zu versteuernden Gewinn, wodurch der Finanzbedarf eine wesentliche Entlastung erfährt. Neben den erforderlichen Reinvestitionen können damit u. U. auch zusätzliche Investitionen finanziert werden; d. h., die Abschreibungen werden zu einem gewichtigen Mittel der Kapitalbeschaffung. Das Ausmaß der Selbstfinanzierung der Anlagezugänge durch Abschreibungen ist bei den einzelnen Branchen und in Abhängigkeit vom Konjunkturverlauf sehr unterschiedlich. Nach den Bilanzstatistiken des Statistischen Bundesamtes schwankte es innerhalb weniger Jahre zwischen etwa 40 und 100 %.

Entscheidend für die damit ermöglichte Kapazitätserweiterung sind Abschreibungsmethode und -satz. So kann bei einer durchschnittlichen Abschreibung von 20 % (= Nutzungsdauer von 5 Jahren) eine 100%ige Finanzierung der Investitionen beweglicher Anlagegüter (insgesamt) durch Abschreibung innerhalb von rund 3½ Jahren erzielbar werden, wenn die durch Abschreibung freiwerdenden Mittel sofort wieder der Investierung dienen (vgl. das Beispiel auf S. 50).

Soweit überhöhte Abschreibungen steuerlich zugelassen werden, mindern sie zunächst die steuerliche Belastung, d. h., der Fiskus leistet insoweit eine Finanzierungshilfe, wenn sie auch im Ergebnis nur eine zinslose Hinausschiebung der Steuerforderungen bewirkt, wobei die Höhe des Steuersatzes im Zeitpunkt ihrer Fälligkeit ein unbekanntes Risiko ist, das den erwarteten Vorteil in einen Nachteil wandeln kann. Eine allzu großzügige Einräumung von Abschreibungsmöglichkeiten reizt, wie die Erfahrung lehrt, oft zu Investitionen, die zur Überkapazität mit der Folge hoher fixer Kosten führen. Die aus vorweggenommenen Abschreibungen später resultierenden höheren Steuerzahlungen können zu liquiditätsmäßigen Schwierigkeiten führen, wenn sie in Zeiten sinkender Erträge zu leisten sind. (Im übrigen verzerren überhöhte Abschreibungen die gesamte Rechnungslegung, besonders die Beurteilung der Rentabilität).

[1]) Im Schrifttum ist die „Eigenfinanzierung" oft der Oberbegriff.

Beispiel:

Anschaffungskosten einer Maschine 10 000 DM

angenommene Nutzungsdauer 5 Jahre

sofortige Reinvestierung bei gleichbleibenden Beschaffungspreisen

Investierung		1. J.	2. J.	3. J.	4. J.	5. J.	
	10 000	2 000	2 000	2 000	2 000	2 000	AfA
AfA 1. J.	2 000		400	400	400	400	AfA
2. J.	2 000			400	400	400	AfA
	400			80	80	80	AfA
AfA 3. J.	2 000				400	400	AfA
	400				80	80	AfA
	400				80	80	AfA
	80				16	16	AfA
AfA 4. J.	2 000					400	AfA
	400					80	AfA
	400					80	AfA
	80					16	AfA
	400					80	AfA
	80					16	AfA
	80					16	AfA
	16					3	AfA
		2 000	2 400	2 880	3 456	4 147	
Kumulativer Abschreibungsbetrag			4 400	7 280	10 736	14 883	

↑ Zeitpunkt der 100%igen Ansammlung der Mittel durch Abschreibung

Im Beispielfall (S. 21) machen die Abschreibungen laut nachstehender Berechnung unter a) (s. S. 51) 110 bzw. 83,5 % der Anlagezugänge aus, ein vergleichsweise hoher Prozentsatz. Unter dem Gesichtswinkel der Substanzerhaltung kann man sagen, daß die buchmäßigen Abschreibungen durch Zugänge im Anlagevermögen nahezu ausgeglichen werden.

Bei Anwendung degressiver Abschreibungs-Methoden steigert sich dieser Effekt, auf dem nicht zuletzt der Wiederaufbau der deutschen Wirtschaft nach dem Zweiten Weltkrieg beruhte.

Da in der Praxis die Maschinen oft auch nach buch- bzw. bilanzmäßiger Voll-Abschreibung benutzt werden und in der Kostenpreis-Berechnung kalkulatorische Abschreibungen Berücksichtigung finden, wächst die Quote der „Netto-Investitionen", ohne daß es zusätzlicher Mittel bedarf.

Selbstfinanzierung	Wirtschaftsjahr ..01	Wirtschaftsjahr ..02
a) durch Abschreibungen beim Anlagevermögen		
$\frac{\text{Abschreibungen}}{\text{Zugänge}}$	$\frac{1\,100}{1\,000} = 110\,\%$	$\frac{1\,500}{1\,800} = 83{,}5\,\%$
b) durch Gewinn-Einbehalt		
Gewinn	160	190
⁒ Ausschüttungen **(bzw. Einnahmen)**	—	
= Gewinn-Einbehalt	160	

hb) Finanzierungseffekt durch Pensionsrückstellungen

Verpflichtet sich der Betrieb vertraglich, Arbeitnehmern eine Alters-, Invaliden- oder Hinterbliebenenversorgung zu gewähren, so kann er vom Jahre der Zusage an für diese „Pensionsanwartschaften" nach versicherungsmathemathematischen Grundsätzen schätzungsweise ermittelte, dem Nachholverbot unterliegende Rückstellungen in die Bilanz einsetzen. Eine Verpflichtung zur Passivierung derartiger verbindlicher Versorgungszusagen besteht jedoch weder nach Handelsrecht[1]) noch nach Steuerrecht[2]). Das Unternehmen kann auch die effektiven Versorgungsleistungen erst im Jahre der Zahlung als aufwandwirksame Betriebsausgabe geltend machen. Vom betriebswirtschaftlichen Standpunkt aus wird man eine Passivierungspflicht bejahen, da es sich bei den künftigen Pensionsleistungen um Zahlungen handelt, die für die Inanspruchnahme von Arbeitsleistungen in früheren Jahren nachgezahlt werden. In bilanzanalytischer Sicht erhalten Gläubiger und Aktionäre sonst einen zu günstigen Eindruck von der Ertragslage des Betriebs. Das handels- wie steuerrechtlich bestehende Wahlrecht hinsichtlich der zeitlichen Zuordnung des Versorgungsaufwands macht die „Pensionsrückstellungen" zu einem „lautlos" wirksamen Finanzierungs-Instrument. Die „Pensionsrückstellungen" werden nämlich im allgemeinen schon viele Jahre vor dem Eintritt des Versorgungsfalles zu Lasten des Ergebnisses gebildet. Diese Pensionsaufwendungen werden in den Verkaufspreis der Produkte des Betriebs einkalkuliert und fließen über die erzielten Erlöse geldlich in den Betrieb. Die Einsetzung einer solchen Rückstellung für später fällige Versorgungsleistungen verhindert einmal, daß insoweit ein — betriebswirtschaftlich unechter — Gewinn ausgeschüttet wird, d. h., die Finanzmittel zur Erfüllung der Pensionsverpflichtungen werden im Betrieb zurückgehalten. Zum anderen bewirkt die — zulässigerweise gebildete — Pensionsrückstellung sofort eine fühlbare steuerliche Entlastung[3]) und damit eine (zinslose) Liqui-

[1]) BGH-Urteil vom 27. 2. 1961, DB 1961, S. 498.

[2]) § 6 a EStG, Abschn. 41 EStR.

[3]) Für Körperschaftsteuerpflichtige bei Körperschaft- und Gewerbeertragsteuer rd. 60 % des Zuführungsbetrages zuzüglich Vermögen- und Gewerbekapitalsteuer, für Einkommensteuerpflichtige in tarifmäßig entsprechender Höhe.

ditätsverbesserung. Soll das Jahresergebnis, aus welchen Gründen auch immer, optisch günstiger erscheinen, so kann die Zuführung zur Pensionsrückstellung unterbleiben oder eingeschränkt werden, allerdings mit der Folge, daß eine spätere Nachholung steuerlich unzulässig ist.

Es wäre einseitig, nur die günstige Auswirkung der Zuführungen zu Pensionsrückstellungen hervorzuheben. Die Versorgungszusagen führen, früher oder später, sofern sie nicht wegen Ausscheidens des Arbeitnehmers oder aus anderen Gründen entfallen, zu Ausgaben, die infolge der dann insoweit gebotenen versicherungsmathematischen oder buchhalterischen Auflösung der Pensionsrückstellungen erfolgsneutral, d. h. zu diesem Zeitpunkt ohne steuerliche Entlastung, zu leisten sind. Bei in etwa gleichem Betriebsumfang und gleicher Altersgliederung der unter die Versorgung fallenden Belegschaftsmitglieder wird sich im Laufe der Jahre die von Zuführungen und Auflösungen abhängige Pensionsrückstellung in einer bestimmten Höhe einpendeln. Dieser durch Selbstfinanzierung gebildete „Pensionsfonds" wird allgemein dem „S o z i a l k a p i t a l" mit eigenkapitalähnlichem Charakter[1]) zugerechnet. In graphischer Darstellung könnten sich Zuführung und Auflösung beispielsweise wie folgt bewegen:

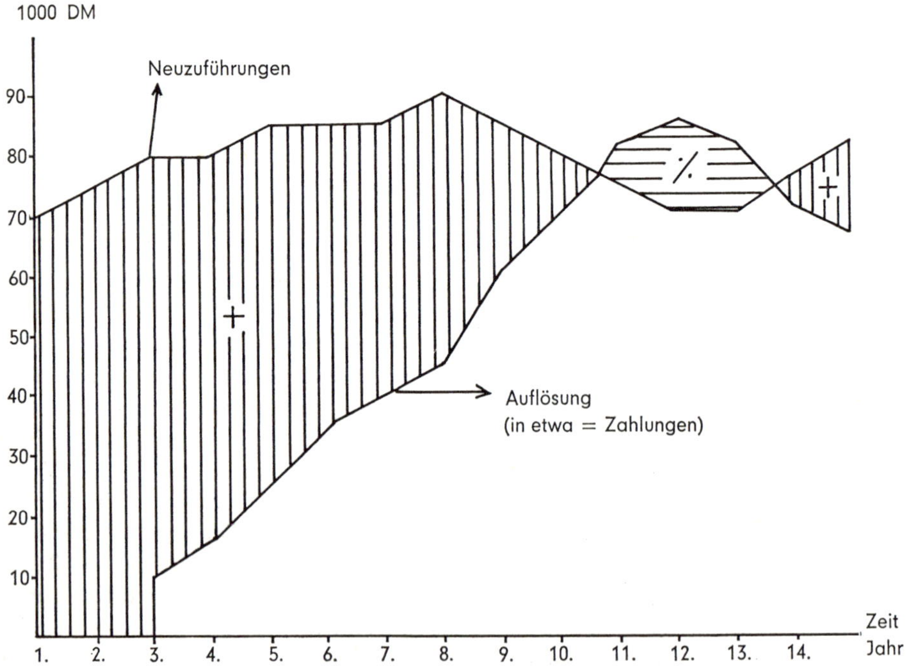

[1]) Die Pensionszusagen sehen in der Regel den steuerlich unschädlichen Vorbehalt vor, daß die zugesagten Versorgungsleistungen gekürzt oder eingestellt werden können, wenn sich die wirtschaftliche Lage des Unternehmens so wesentlich verschlechtert hat, daß ihm die Aufrechterhaltung der zugesagten Leistungen nicht mehr zugemutet werden kann.

Die beiden Kurven zeigen den jeweiligen Unterschied (+ oder ⁒) zwischen Neuzuführung und Auflösung (= in etwa den Zahlungen entsprechend), die schraffierte Fläche den für spätere Leistungen verfügbaren „Pensionsfonds", z. B. am Ende des 4. Wirtschaftsjahres

Neuzuführungen (70 + 75 + 80 + 80)	=	305 000,— DM
⁒ Auflösungen (10 + 15)	=	25 000,— DM
		280 000,— DM

Vom 11. bis 13. Wirtschaftsjahr übersteigen die gebotenen Auflösungen die Neuzuführungen, d. h. der „Pensionsfonds" nimmt ab. Dieser Fonds steht dem Betrieb langfristig zur Verfügung. Der Unternehmer muß aber durch entsprechende Finanzplanung Vorsorge treffen, daß auch in Rezessionszeiten die Erfüllung der Pensionsverpflichtungen gesichert ist.

Hat der Betrieb zur Bewirkung der Versorgungsleistungen eine rechtlich selbständige, steuerbegünstigte Pensions- und Unterstützungskasse eingerichtet, können dieser in bestimmter Höhe[1]) Zuwendungen, als Betriebsausgaben steuerwirksam, gemacht werden. Den für Versorgungsleistungen zunächst nicht benötigten Teil der Zuwendungen beläßt die Pensions- und Unterstützungskasse gewöhnlich dem Betrieb darlehensweise gegen angemessene Verzinsung. Auch dieses Darlehen wird wegen seiner besonderen betrieblichen Bindung dem „Sozialkapital" — wie der „Pensionsfonds" s. o. — zugerechnet.

hc) Selbstfinanzierung durch Gewinnspeicherung

Die Möglichkeiten der Selbstfinanzierung aus realisierten, im Betrieb verbleibenden Gewinnen sind im Hinblick auf die ertragsteuerlichen Belastungen sowie die erforderlichen Entnahmen bzw. Ausschüttungen begrenzt[2]). Dies gilt besonders für Familiengesellschaften, die bei stärkerem Wachstum meist gezwungen sind, sich unter Änderung der Rechtsform an den Kapitalmarkt zu wenden. Eine Gegenüberstellung der erzielten Gewinne zu den Privatentnahmen bzw. den Gewinnausschüttungen bei Kapitalgesellschaften läßt erkennen, in welchem Umfange Selbstfinanzierung durch Gewinnspeicherung betrieben wurde. Familiengesellschaften beschränken vielfach im Interesse der Selbstfinanzierung Entnahmen bzw. Ausschüttungen vertraglich. Bei Vergleichen zwischen Unternehmen verschiedener Rechtsformen ist zu berücksichtigen, inwieweit nichtentnommener Gewinn auf nicht vergüteten „Unternehmerlohn" zurückzuführen ist.

Bei Aktiengesellschaften wird häufig das Verhältnis

Zuweisung an die offenen Rücklagen : ausgewiesenem Gewinn

verglichen. Der Aussagewert dieser Relation zur Ertragskraft des Unterneh-

[1]) Abschn. 26 EStR.

[2]) Für berücksichtigungsfähige Ausschüttungen beträgt z. B. der Körperschaftsteuersatz zur Milderung der Doppelbelastung nur 15 % statt sonst 51 % (§ 19 KStG).

mens hängt aber davon ab, inwieweit der ausgewiesene Gewinn durch eine versteckte Bildung stiller Reserven bereits gekürzt wurde.

Beispiel:	Unternehmen A	Unternehmen B
effektiver Gewinn	1,2 Mill. DM	1,2 Mill. DM
Bildung stiller Reserven	0,2 Mill. DM	—
ausgewiesener Gewinn	1,0 Mill. DM	1,2 Mill. DM
Zuführung zu offener Rücklage	0,11 Mill. DM	0,31 Mill. DM
Zuführung zu offener Rücklage in Prozent	11 %	26 %

Die Legung stiller Reserven kann versteuert, d. h. durch Hinzurechnung bei der Ermittlung des Steuerbilanzgewinns, oder unversteuert erfolgen. In letzterem Falle ist der darauf noch zu erwartende Steueraufwand zu berücksichtigen. So löst die Zuführung zu den offenen Rücklagen — beispielsweise 200 000 DM — folgende ertragsteuerliche Belastung aus:

Rücklagenzuführung	200 000 DM
51 % KSt, berechnet i. H.	208 180 DM
	408 180 DM
Gewerbeertragsteuer (bei 5 % Meßzahl und 300 % Hebesatz = 15 %, unter Berücksichtigung ihrer Abzugsfähigkeit berechnet i. H. = $^{15}/_{115}$ = 13,04 %)	
13,04 %, berechnet i. H.	61 200 DM
	469 380 DM
Steuerbelastung	269 380 DM = 134,7 %

Dieser Steueraufwand würde durch die Bildung stiller Reserven, z. B. infolge Unterbewertung der Warenvorräte, aufgeschoben. Er fällt bei ihrer Auflösung, meist infolge Verkaufs, in der vorberechneten Höhe an, wenn dieser Buchgewinn im Unternehmen verbleibt. Gelangt er jedoch zur Ausschüttung, so ermäßigt sich der Steueraufwand wie folgt:

15 % KSt auf die Ausschüttung von 200 000 DM (= Netto-Dividende)	= 30 000 DM
15,61 % KSt = 51 % KSt für die auf die Ausschüttung übernommene KSt	= 31 220 DM
13,04 % GewSt (s. o.), berechnet i. H. unter Berücksichtigung ihrer Abzugsfähigkeit	= 39 171 DM
	100 391 DM
	= rd. 50,2 %

Auch die Relation

Offene Reserven : Grundkapital

ist aus den eben genannten Gründen nur bedingt aussagefähig. Hohe offene Reserven lassen in der Regel zusätzliche stille Reserven vermuten.

Die Summe der nicht entnommenen Gewinne läßt nur die sog. „offene“ Selbstfinanzierung erkennen. Die Tatsache, daß während der Nachkriegsjahre innerhalb verhältnismäßig kurzer Zeit trotz hoher Ertragsteuersätze die echte Betriebssubstanz in einem recht beachtlichen Umfange vermehrt werden konnte, liegt nicht zuletzt an

vorteilhaften Abschreibungsmöglichkeiten,

z. B. durch Anwendung degressiver Methoden,
vorsichtiger Schätzung der Nutzungsdauer,

Sonderabschreibungen,

z. B. für geringwertige Anlagegüter,
nach dem Berlinhilfegesetz,

Bildung von Rückstellungen mit Rücklagencharakter,

z. B. bei Garantie- und Pensionsverpflichtungen,

überhöhten Wertberichtigungen,

z. B. bei Warenvorräten, Kundenforderungen usw.

Die Gewinnspeicherung erfolgt hier „versteckt“ durch Legen stiller Reserven.

Im Beispielsfalle (S. 21) wurde keine Gewinnausschüttung vorgenommen.

i) Bilanzmäßige und reale Kapitalerhaltung

Da bei Kapitalgesellschaften das Eigenkapital in mehreren Bilanzpositionen teils konstant (z. B. das Grundkapital), teils variabel (z. B. der Gewinnvortrag) ausgewiesen wird, bedarf es einer Nebenrechnung, um festzustellen, ob das Eigenkapital bilanzmäßig erhalten geblieben ist bzw. inwieweit es sich positiv oder negativ verändert hat. Im Beispielsfalle (S. 21) würde sich folgende Berechnung (in 1000 DM) ergeben:

	..01	..02
In der Bilanz ausgewiesener Gewinn	160	200
+ Zuführung zu Rücklagen	—	150
	160	350
./. Gewinn-Vortrag	—	160
= erzielter Gewinn	160	190
./. ausgeschütteter Gewinn	—	—
= bilanzmäßige Kapitalveränderung	+ 160	+ 190

Betriebswirtschaftlich entscheidend ist jedoch die Frage, ob das Kapital real erhalten geblieben ist. Ihr kommt vor allem in Zeiten steigender Preise besondere Bedeutung zu. Um hier einer Substanzauszehrung zu begegnen, wären die Abschreibungen vom Anlagevermögen und der Materialverbrauch unter Zugrundelegung der Wiederbeschaffungskosten anzusetzen, ein Verfahren, das allerdings steuerlich keine Anerkennung findet. Danach erfährt die obige Berechnung folgende — praktisch nur überschlägig durchführbare — Korrektur:

	..01	..02
Bilanzmäßige Kapitalveränderung	+ 160	+ 190
./. Erhöhung der Abschreibungen	50	60
./. Erhöhung des Materialverbrauchs und Lohneinsatzes, da höhere Wiederbeschaffungs- bzw. Wiederherstellungskosten	30	40
= reale Kapitalveränderung (in 1000 DM)	+ 80	+ 90

Soll bei Beurteilung der Kapitalerhaltung der technische Fortschritt berücksichtigt werden (= leistungs-äquivalente Kapitalerhaltung), müßte dies zu einer — steuerlich nicht zulässigen — Abschreibung über 100 % führen, um die spätere Anschaffung technisch vervollkommneter Anlagen sicherzustellen. Neben negativen Korrekturen kann es auch positive Momente geben, z. B. Wertsteigerungen am Grundbesitz, originäre Schaffung immaterieller Werte (know how, Warenmarken); d. h. Vorgänge, die sich handelsbilanzmäßig ebenfalls nicht niederschlagen dürfen bzw. steuerlich nicht müssen.

VI. Liquiditätsuntersuchungen und Zahlungsplan

1. Bedeutung und Beurteilung

Die bitteren Erfahrungen der Wirtschaftskrise in den dreißiger Jahren haben die Bedeutung der Liquidität drastisch vor Augen geführt. Sie haben gezeigt, wie rasch das Unheil über ein Unternehmen hereinbrechen kann, wenn der Absatz stockt, die Kunden nicht mehr mit gewohnter Pünktlichkeit zahlen und die Banken ihre Kredite kündigen. Eine Zahlungsunfähigkeit[1]) reißt lawinenartig weitere Insolvenzen mit sich. Andererseits ist die Speicherung von Liquidität nicht Selbstzweck eines Unternehmens, sie dient vielmehr der Gewinnerzielung. Unter Liquidität ist im engeren Sinne die geldliche Flüssigkeit, d. h. die jeweilige Zahlungsbereitschaft, im weiteren Sinne das Ausmaß der Sicherung der Zahlungsfähigkeit zu verstehen. Sie wird durch Menge, Wert, Flüssigkeitsgrad und Umschlagdauer der dem Unternehmen dienenden Wirtschaftsgüter einerseits, durch Höhe und Dringlichkeit der Zahlungsverpflichtungen andererseits bestimmt. Eine Unternehmung ist liquide, wenn sie rechtzeitig — nicht später und nicht früher — flüssige Mittel zur Verfügung hat, um ihren Verpflichtungen nachzukommen und ihre finanziellen Aufgaben zu erfüllen. Aus der Liquiditätslage des Schuldners zieht der Gläubiger Schlüsse, inwieweit er mit dem Eingang seiner Forderung rechnen kann.

2. Liquiditäts-Schwankungen

Ungenügende Liquidität kann ein Unternehmen in kritische Situationen führen. Andererseits kostet überhöhte Liquidität Zinsen; das beeinträchtigt die Rentabilität.

„Der Siedepunkt der Rentabilität ist oft der Gefrierpunkt der Liquidität“;

deshalb ist ein wirtschaftlich optimales Verhältnis anzustreben. Bei Untersuchung der Ursachen von Liquiditätsveränderungen ist bedeutsam, ob diese nur vorübergehender Natur oder von längerer Dauer sind. Eine ständige Beobachtung der finanziellen Lage gehört deshalb zu den wichtigsten Aufgaben der Unternehmensleitung. Zu diesem Zweck werden laufend Liquiditäts-Berichte aufgestellt. Sie zeigen die Über- oder Unterdeckung der kurzfristig fälligen Verbindlichkeiten durch innerhalb dieser Zeitspanne verfügbare Mittel; hierzu ein

[1]) Zahlungsunfähigkeit (Insolvenz) ist gegeben, wenn ein Kaufmann seine Verbindlichkeiten nicht erfüllen kann. Dabei braucht nicht Überschuldung vorzuliegen. Zahlungseinstellung ist Konkursgrund.

Beispiel:

Liquiditätsbericht

	Stand 1. 1. . . 01		Stand 24. 1. . . 01		Veränderung 1.—24. 1. . . 01	
	Soll	Haben	Soll	Haben	Soll	Haben
	DM	DM	DM	DM	DM	DM
Kasse	20 000	—	10 000	—	—	10 000
Postscheck	35 000	—	25 000	—	—	10 000
Banken	—	100 000	—	80 000	20 000	—
Besitzwechsel	150 000	—	130 000	—	—	20 000
Wertpapiere	40 000	—	40 000	—	—	—
sonst. kurzfristige Forderungen	—	—	10 000	—	10 000	—
Kundenforderungen	700 000	—	650 000	—	—	50 000
Lieferantenverbind.	—	400 000	—	350 000	50 000	—
Akzepte	—	200 000	—	150 000	50 000	—
sonst. kurzfristige Verbindlichkeiten	—	40 000	—	50 000	—	10 000
	945 000	740 000	865 000	630 000	130 000	100 000
Überdeckung	205 000		235 000		—	
Unterdeckung	—		—		—	
Liquid. Verbesserung	—		—		+ 30 000	
Liquid. Verschlechterg.	—		—		—	

Liquiditäts-Schwankungen können durch die Umsatzentwicklung bedingt sein. Bei Umsatzsteigerungen ist das vorhandene Eigenkapital oft nicht ausreichend, um die notwendigerweise vergrößerte Bestandshaltung an Rohstoffen, teilfertigen und fertigen Erzeugnissen und die angestiegenen Außenstände zu finanzieren. Dadurch verursachte Liquiditätsanspannungen bessern sich erst nach Realisierung der Umsatzgewinne. Umgekehrt bewirkt ein Umsatzrückgang durch geringere Produktionsaufwendungen und die Schrumpfung der Außenstände zunächst eine günstigere Liquidität, die allerdings bei anhaltender Rückläufigkeit der Umsatzzahlen durch die Ausgabenbelastung an fixen Kosten schnell aufgezehrt werden kann. Bei Saisonbetrieben ist ein ständiger Wechsel zwischen Liquiditäts-Anspannung und -Verbesserung charakteristisch. Zeiten, in denen auf Lager produziert wird, sind finanziell angespannt, Zeiten, in denen die Bestände veräußert werden und die Außenstände eingehen, bieten das Bild der Flüssigkeit. Typisch hierfür ist beispielsweise das Kühlschrankgeschäft.

Die Liquiditäts-Anspannung kann aber auch durch Fehldispositionen ausgelöst sein. Finden die Kosten[1]) in den Verkaufserlösen nicht

[1]) Abschreibungen und kalkulatorische Kosten ausgenommen, da sie keine Ausgaben sind.

mehr ihre Deckung, so führt das zu einem Ausgaben-Überhang und damit zu einer Verschlechterung der Liquidität. Wenn Anlagevermögen und Warenvorräte steigen, ohne daß damit ein Anwachsen des Umsatzes und des Auftragseinganges verbunden ist, so deutet dies auf eine nutzlose, Kosten verursachende Bindung von Finanzierungsmitteln hin. Bei größeren, nachhaltigen Liquiditäts-Verschlechterungen ist eine Stabilisierung der finanziellen Verhältnisse durch organisatorische Maßnahmen zur Beseitigung von Verlustquellen bzw. durch Erhöhung des Eigenkapitals bei Erweiterung des Geschäftsumfanges geboten. Notfalls ist die hierzu erforderliche Zeitspanne mit Hilfe weiterer Fremdmittel zu überbrücken.

3. Liquiditäts-Deckungsverhältnis und Liquiditätsreserve

Oberstes Ziel einer gesunden Finanzgebarung ist es, auf das Gleichgewicht zwischen verfügbaren Mitteln und fälligen Verbindlichkeiten zu achten.

Nach einer alten Faustregel sollen die kurz- und mittelfristigen Verbindlichkeiten, wozu auch ein Teil der Rückstellungen zu rechnen wäre, mindestens durch das — im allgemeinen leichter zu realisierende — Umlaufvermögen gedeckt sein.

Im Beispielsfall (s. S. 21) liegt danach folgendes Deckungsverhältnis vor:

(in TDM)	Wirtschaftsabschn. . . 01		Wirtschaftsabschn. . . 02	
Umlaufvermögen		3 280		3 880
kurz- und mittelfristige Verbindlichkeiten	2 700		2 940	
sonstige Rückstellungen, als kurz- und mittelfristig mit der Hälfte geschätzt	400	3 100	500	3 440
Über- bzw. Unterdeckung (net working capital)		+ 180		+ 440
in % rd.		+ 6 %		+ 13 %

D. h.: Die anzustrebende Deckung ist, wenn auch knapp, gegeben und hat sich im Wirtschaftsjahr . . 02 verbessert.

Banken und andere Kreditgeber sehen als „gesund" ein Verhältnis von 2 : 1, d. h. eine Überdeckung von 100 %, an; eine Vorstellung, die in der Praxis allerdings nur selten erreicht werden dürfte[1]). Sie entspricht auch mehr Sicherungsbedürfnissen der Gläubiger als Finanzierungsnotwendigkeiten.

[1]) Nach der „Bilanzstatistik" beträgt die Überdeckung kurz- und mittelfristiger Verbindlichkeiten durchschnittlich 30—40 %.

Das Ansehen eines Unternehmens leidet, wenn seine Zahlungsbereitschaft nicht zu jeder Zeit gesichert ist. Zahlungsunfähigkeit ist Konkursgrund[1]). Deshalb ist eine gewisse, jederzeit verfügbare Liquiditätsreserve erforderlich.

Die Barmittel, wozu auch sofort diskontierbare Besitzwechsel zählen, sollen — als grober Anhaltspunkt — 15 bis 20 % der kurzfristigen Verbindlichkeiten nicht unterschreiten.

Als kurzfristig wird im allgemeinen die Fälligkeit innerhalb eines Monats angesehen.

Nach den Zahlen des Beispielfalles (s. S. 21) ergibt sich hiernach folgende Über- bzw. Unterdeckung:

(in TDM)	Wirtschaftsabschn... 01		Wirtschaftsabschn... 02	
Als kurzfristig angesehene:				
Warenverbindlichkeiten (rd. $^2/_3$ von VI, 1)		800		732
eigene Akzepte (rd. $^2/_3$ von VI, 3)		432		566
sonstige Verbindlichkeiten (rd. $^2/_3$ von VI, 4)		166		126
Rückstellungen (rd. $^1/_2$ von IV)		400		500
		1 798		1 924
hiervon als Liquiditätsreserve wünschenswert		20 %		20 %
= rd.		360		385
demgegenüber kurzfristig verfügbar: Geldbestände (II, 4)	400		150	
$^1/_2$ der Besitzwechsel (II, 5), da sofort diskontierbar	125	525	50	200
Über- bzw. Unterdeckung	+	165	./.	185

Nach den Bilanzzahlen des Beispielfalles wäre bei kurzfristiger Betrachtung im Wirtschaftsabschnitt 02 die gebotene Zahlungsbereitschaft nicht gesichert. Trotzdem muß dies nicht zu Schwierigkeiten führen, wenn entsprechende Kreditlinien der Banken vorliegen. Die Aufteilung der Bilanzpositionen nach der Fristigkeit — hier global geschätzt — bedarf einer Berücksichtigung der im Einzelfall gegebenen Verhältnisse.

Ein weiterer, dem Betriebsablauf mehr entsprechender Maßstab zur Beurteilung der Zahlungsbereitschaft wäre ein Vergleich der sofort verfügbaren

[1]) Vgl. §§ 102, 209 KO.

Mittel mit dem innerhalb von 1 bis 2 Wochen durchschnittlich anfallenden Geldbedarf.

Im Beispielsfalle ergäbe dies folgende Zahlen:

(in TDM)	Wirtschaftsabschn... 01		Wirtschaftsabschn... 02	
Aufwendungen lt. GuV-Rechnung	12 300		17 010	
./. Abschreibungen	1 160		1 590	
./. Zuführung zu Rücklagen	—		250	
	11 140		15 170	
+ Investitionen	1 000		1 800	
	12 140	: 52	16 970	: 52
= durchschnittlicher Geldbedarf je Woche	233		326	
+ 50 % = rd.	117		164	
= durchschnittlicher Geldbedarf für 1 bis 2 Wochen	350		490	
sofort verfügbare Mittel (s. o.)	525		200	
Über- bzw. Unterdeckung	+ 175		./. 290	

Auch hiernach erscheint im Wirtschaftsjahr 02 die kurzfristige Liquidität nicht gewährleistet.

4. Liquiditätsstatus

Die Abschlußbilanz, primär ein Instrument zur Messung des periodischen Erfolgs, zeigt, selbst wenn sie zeitnahe vorliegt, nur ein Augenblicksbild, das sich durch die verschiedensten Umstände schnell ändern kann. So kann bewirkt werden:

Liquiditätsverbesserung durch	**Liquiditätsverschlechterung** durch
Eingang hoher Kundenanzahlungen,	Ausfall gewichtiger Kundenforderungen,
schnelle Räumung des Lagers zu günstigen Preisen,	Absatzstockung infolge schlechten Wetters,
größere Einlagen der Betriebsinhaber,	ungewöhnlich hohe Privatentnahmen der Betriebsinhaber,
Aufnahme eines Stillen Gesellschafters mit erheblicher Kapitaleinlage,	Abzug eines langfristigen Bankkredits,
a. o. Erträge, z. B. Steuererstattungen usw.	Inanspruchnahme aus Bürgschaften, Giroverpflichtungen usw.

Für die Beurteilung der Liquidität ist also die Abschlußbilanz ihrer Zweckbestimmung und ihren Bewertungsgrundsätzen nach wenig geeignet. Dies gilt weitgehend auch für die Steuerbilanz.

Um Fehlschlüsse zu vermeiden, genügt es nicht, lediglich e i n e Bilanz auf ihre „Flüssigkeit" hin zu untersuchen, vielmehr muß in möglichst kurzen Zeitabständen die Entwicklung durch Vergleich der Situation mehrerer Stichtage erkennbar gemacht werden. Es muß also in kurzfristigen Abständen, z. B. monatlich oder zu bestimmten Zeitpunkten, ein besonderer L i q u i d i t ä t s - S t a t u s festgestellt werden.

Ein solcher Status ist eine zeitpunktbezogene Vermögensübersicht, bei dem ohne förmlichen Buchabschluß die Besitz- und Schuldposten zusammengestellt werden.

Soweit innerhalb des Geschäftsjahres keine inventurmäßigen Bestandsaufnahmen vorliegen bzw. die Bestände sich nicht buchmäßig ergeben (wie z. B. bei den Geldkonten), muß zu S c h ä t z u n g e n gegriffen werden; z. B. bei den Warenvorräten nach folgender Formel:

Bestand am Ende des Monats = Bestand am Anfang des Monats + Eingang im Monat lt. Warenkonto ./. Abgang im Monat (= Umsatz ./. Rohgewinn)

Dem Zweck der Untersuchung entsprechend ist die B e w e r t u n g der dem Unternehmen gewidmeten Wirtschaftsgüter zum jeweiligen Tageswert (= Teilwert unter dem Gesichtswinkel der Fortführung des Betriebes) vorzunehmen, wobei jedoch das Moment der möglichen Versilberung zu vorsichtigen Wertansätzen Anlaß geben sollte. Wird eine der Erfolgsermittlung dienende Abschlußbilanz in die Liquiditätsrechnung einbezogen, so wäre eine U m w e r t u n g nach diesen Maßstäben erforderlich[1]). Da bei in Zahlungsschwierigkeiten geratenen Unternehmen oft die Tendenz besteht, das Bild günstiger erscheinen zu lassen, ist besonders darauf zu achten, daß die Bestandsaufnahmen zutreffend erfolgten, die Besitzposten nicht über-, die Schuldposten nicht unterbewertet wurden. Zusammengehörende Bilanzposten sind zusammenzufassen bzw. zu saldieren (z. B. Fertigerzeugnisse auf verschiedenen Lägern — Forderungen und entsprechende Wertberichtigungen). Inhaltlich ungleichartige Posten sind aufzuteilen, z. B. Reingewinn in auszuschüttenden Anteil (= Verbindlichkeit) und einzubehaltenden Anteil (= Eigenkapital).

Ferner sind die Posten der Aktivseite nach ihrer V e r f l ü s s i g u n g s - M ö g l i c h k e i t und die Posten der Passivseite nach ihrer Z a h l u n g s - d r i n g l i c h k e i t zu ordnen, d. h., sie sind nach den Zeiträumen aufzugliedern, innerhalb deren sie annehmbar zur geldlichen Einnahme bzw. Ausgabe führen; z. B.

k u r z f r i s t i g d. h. etwa innerhalb eines Monats fällige Kundenforderungen bzw. Lieferanten-Verbindlichkeiten,

[1]) **Bei Grundstücken steht der Finanzverwaltung eine Kaufpreissammlung zur Verfügung.**

m i t t e l f r i s t i g , d. h. etwa im Verlaufe eines Vierteljahres absetzbare Warenvorräte bzw. fällig werdende Akzeptverpflichtungen,

l a n g f r i s t i g gebundene Anlagegüter, z. B. Grundstücke, bzw. Dauerkredite, wie Darlehen, Anleihen usw.

Eine solche Liquiditätsbetrachtung geht also in die Zukunft; denn nur so kann beurteilt werden, inwieweit den Verbindlichkeiten entsprechend ihrer Fälligkeit flüssige Mittel bzw. realisierbare Vermögensgüter gegenüberstehen. Im allgemeinen wird die Liquiditäts-Untersuchung nach den oben genannten drei Z e i t s t u f e n — kurz-, mittel- und langfristig — vorgenommen.

Hinsichtlich des Zeitmaßstabes für die Einordnung zu den einzelnen Stufen bestehen branchenmäßig bedingte Unterschiede. So werden beispielsweise in der Grundstoffindustrie längere Fristen gelten als in einem Großhandelsunternehmen. Wo Zweifel über die Zuordnung bestehen, ist die ungünstigere Gruppe zu wählen. Ebenso ist bei den einzelnen Vermögensposten und Verbindlichkeiten nicht nach starren Regeln zu bestimmen, in welchem Umfange sie bei den verschiedenen Liquiditätsstufen anzusetzen sind. Der Zweck der Untersuchung macht die Frage der R e a l i s i e r b a r k e i t vorrangig. Dies kann bedingen, daß in absehbarer Zeit nicht flüssig zu machende Vermögensposten auf der Aktivseite der Liquiditätsberechnung unberücksichtigt bleiben; z. B.

der „Bodensatz“ bei den Warenvorräten, ein ungünstig gelegenes und deshalb nur schwer verkäufliches Grundstück.

Andererseits braucht ein von Verwandtenseite gegebenes Darlehen nicht wie eine fremde Verbindlichkeit beurteilt werden, wenn hier mit einem „Stillhalten“ gerechnet werden kann. Zum Teil gilt dies auch für das sogenannte „Sozialkapital“. Entscheidend ist, daß die einmal als richtig gewählte Gliederung kontinuierlich beibehalten und nicht ohne zwingenden Grund geändert wird.

Nach den vorstehenden Grundsätzen ist auf S. 64, 65 an Hand des Beispielfalles (S. 21) eine L i q u i d i t ä t s b e r e c h n u n g durchgeführt. (Es soll sich bereits um Zahlen nach einer „Umwertung“ im genannten Sinne handeln.) Die Vermögenswerte und Verbindlichkeiten sind entsprechend ihrer Fälligkeit und Veräußerlichkeit in verschiedene Grade eingeteilt. Um dem Gebot kaufmännischer Vorsicht Rechnung zu tragen, wurde ein Drittel des Wertansatzes bei Rohstoffen sowie Halbfertig- und Fertigerzeugnissen nicht in die Liquiditätsberechnung einbezogen. Andererseits blieben bei dieser Berechnung die laufenden Aufwendungen, die für die Fortführung des Betriebs künftig benötigt werden, unberücksichtigt, da ihnen normalerweise entsprechende Einnahmen gegenüberstünden. Forderungen aus Anzahlungen an Warenlieferanten sind beim Vorratsvermögen aufzuführen, da sie sich

Liquiditätsuntersuchung
(in 1 000 DM)

Liquidität I. Grades	Wirtschaftsjahr . . 01	Wirtschaftsjahr . . 02
Geldbestände und börsengängige Wertpapiere	400	150
Besitzwechsel (1/2)	125	50
Kundenforderungen ./. Wertberichtigung (1/2)	650	900
sonstige Forderungen (1/2)	50	225
Rohstoffe (1/3) + 1/2 der Lieferanten-Anzahlungen	283	350
Halbfertige und fertige Erzeugnisse (1/3) ./. Kundenanzahlungen	126	110
	1 634	1 785
Warenverbindlichkeiten (rd. 2/3)	800	732
eigene Akzepte (rd. 2/3)	432	566
sonstige Verbindlichkeiten (rd. 2/3)	166	126
Rückstellungen (1/2)	400	500
	1 798	1 924
Über- bzw. Unterdeckung	./. 164	./. 139
in Prozent der Bilanzsumme	2,7 %	1,9 %
Liquidität II. Grades		
Besitzwechsel (1/2)	125	50
Kundenforderungen ./. Wertberichtigung (1/2)	650	900
sonstige Forderungen (1/2)	50	225
Rohstoffe usw. (rd. 1/3) + 1/2 der Lieferanten-Anzahlungen	283	350
Halbfertige und fertige Erzeugnisse (1/3)	126	110
antizipative Rechnungsabgrenzung (1/2)	30	40
	1 264	1 675
Warenverbindlichkeiten (rd. 1/3)	400	368
eigene Akzepte (rd. 1/3)	218	284
sonstige Verbindlichkeiten (rd. 1/3)	84	64
Rückstellungen (1/2)	400	500
Bankkredit (rd. 2/3)	400	532
antizipative Rechnungsabgrenzung (1/2)	40	60
	1 542	1 808
Über- bzw. Unterdeckung	./. 278	./. 133
in Prozent der Bilanzsumme	4,5 %	1,8 %

Über- bzw. Unterdeckung I. und II. Grades	./. 442	./. 272
in Prozent der Bilanzsumme	7,2 %	3,7 %
Liquidität III. Grades		
Anlagevermögen (1/1)	2 800	3 200
langfristige Verbindlichkeiten (1/1)	700	800
Bankkredit (rd. 1/3)	200	268
Pensions-Rückstellungen	—	—
	900	1 068
Über- bzw. Unterdeckung	+ 1 900	+ 2 132
in Prozent der Bilanzsumme	30,9 %	29,8 %
Abgleichung		
Nicht in die Liquiditätsuntersuchung einbezogen:		
+ Rohstoffe usw. (1/3)	284	350
Halbfertige und fertige Erzeugnisse (1/3)	128	110
transitorische Rechnungsabgrenzung (1/2)	30	40
	+ 442	+ 500
./. transitorische Rechnungsabgrenzung (1/2)	40	60
	+ 402	+ 440
Eigenkapital	+ 1 860	+ 2 300
in Prozent der Bilanzsumme	30,3 %	32,2 %

früher oder später in Waren umwandeln. Anzahlungen von Warenkunden sind zwar Verbindlichkeiten, sie sind aber beim Liquiditätsstatus mit dem Vorratsvermögen aufzurechnen, da sie keine flüssigen Mittel erfordern. Wertberichtigungen sind mit den betreffenden Bilanzposten zu verrechnen. Transitorische[1]) Rechnungsabgrenzungsposten brauchen in den Liquiditätsstatus nicht aufgenommen zu werden, da sie keine Geldbewegungen mehr auslösen. Dagegen sind antizipative[1]) Rechnungsabgrenzungsposten zu berücksichtigen, da sie künftig zu Einnahmen oder Ausgaben führen.

Zu den einzelnen Liquiditätsgraden sei bemerkt:

[1]) Transitorisch = Vereinnahmung bzw. Verausgabung vor dem Bilanzstichtag, Ertrag bzw. Aufwand später,

Antizipativ = Ertrag bzw. Aufwand vor dem Bilanzstichtag, Vereinnahmung bzw. Verausgabung später.

a) Liquidität I. Grades

Diese soll durch die Gegenüberstellung sofort und kurzfristig, d. h. innerhalb eines Monats, greifbarer Mittel zu den kurzfristig, d. h. ebenfalls innerhalb eines Monats, fälligen Verbindlichkeiten bestimmt werden. Innerhalb dieses Zeitraumes soll — angenommen — die Hälfte der Kundenforderungen (./. Wertberichtigung) und Besitzwechsel eingehen. Warenverbindlichkeiten und Akzepte werden im allgemeinen mit zwei Dritteln als kurzfristig fällig anzusetzen sein. Von den Warenvorräten wird nur ein Drittel als kurzfristig realisierbar eingesetzt; ihnen wird die Hälfte der Lieferanten-Anzahlungen zugeordnet. Sonstige Verbindlichkeiten bzw. Forderungen werden im Beispielsfall mit der Hälfte, Rückstellungen, wie etwa für Steuern, Garantieverpflichtungen usw., mit zwei Dritteln als kurzfristig fällig behandelt. Pensionsrückstellungen dagegen werden zu den langfristigen Verbindlichkeiten gezählt. Im praktischen Anwendungsfalle müßte die Einordnung nach den einzelnen Stufen der effektiven Fristigkeit entsprechend erfolgen, im Zweifel zum nächstungünstigeren Grad.

Nach der Zahlenauswertung des Beispielfalles (S.21) liegt in dieser Liquiditätsstufe eine Unterdeckung von 164 bzw. 139 TDM vor. Das entspricht 2,7 bzw. 1,9 % der Bilanzsumme.

b) Liquidität II. Grades

Es wird hier das Umlaufvermögen, soweit nicht bereits der ersten Liquiditätsstufe zugeordnet, mit Ausnahme von einem Drittel der Warenvorräte den bisher nicht berücksichtigten mittelfristigen Verbindlichkeiten gegenübergestellt. Als „mittelfristig" wurde hier eine Zeitspanne von mehr als einen Monat und weniger als drei Monate angenommen. In die Liquiditätsstufe II. Grades könnnten auch Rechnungsabgrenzungsposten einbezogen werden, soweit sie antizipativer Natur sind; im Beispielsfall mit ½ geschätzt.

Auch in dieser Stufe liegt eine Unterdeckung von 278 bzw. 133 TDM vor. Dies entspricht 4,5 bzw. 1,8 % der Bilanzsumme.

Bei Zusammenfassung der Liquiditätsstufen I und II (im Schrifttum wird sie häufig als Liquidität II. Grades genannt) beträgt die Unterdeckung

im Wirtschaftsabschnitt	..01	..02
absolut	442	272 TDM
in Prozent der Bilanzsumme	7,2	3,7 %

c) Liquidität III. Grades

In dieser Stufe wird das Anlagevermögen, das meist schwer realisierbar und für die Aufrechterhaltung des Betriebs notwendig ist, den langfristigen

Verbindlichkeiten gegenübergestellt[1]). Zum Anlagevermögen zählen auch darauf geleistete Anzahlungen sowie langfristige Darlehnsforderungen. Zu den langfristigen Verbindlichkeiten wird neben den Pensionsrückstellungen ein Teil des Bankkredits gerechnet werden können.

In der langfristigen Beurteilung liegt im Beispielsfalle eine Überdeckung von 1900 bzw. 2132 TDM = 30,9 bzw. 29,8 % der Bilanzsumme vor.

Im Beispielsfalle (S. 21) stehen

	im Wirtschaftsabschn. . . 01	Wirtschaftsabschn. . . 02
dem Anlagevermögen von	2 800 TDM	3 200 TDM
an langfristigen Verbindlichkeiten (ohne Pensionsverpflichtungen, jedoch einschl. ½ der Bankschuld) gegenüber	900 TDM	1 068 TDM
Belastung also rd.	35,0 %	33,4 %

des Anlagevermögens (Modifizierung entsprechend den Ausführungen auf S. 62 unterstellt.)

Zusammenfassend läßt sich aus dieser Liquiditätsuntersuchung in etwa folgern:

Die Liquidität ist infolge Umsatzerhöhung und starker Investition angespannt, hat sich aber im Wirtschaftsabschnitt ..02 gegenüber dem Vergleichszeitraum ..01 absolut und relativ gebessert. Das gilt besonders für die mittelfristige Beurteilung. Die Eigenkapitalbasis hat sich von 30,3 % auf 32,2 % der Bilanzsumme erhöht und reicht zur Sicherung der Verbindlichkeiten aus. Es besteht noch die Möglichkeit zum Einsatz von Fremdmitteln durch langfristige Belastung des Anlagevermögens. Der steten Sicherung der Zahlungsbereitschaft ist Aufmerksamkeit zu widmen.

5. Aufstellen von Zahlungsplänen

Der Liquiditätsstatus und die Bilanz enthalten Stichtagsbestände und verschaffen lediglich eine Beurteilungsgrundlage, inwieweit daraus Einnahmen und Ausgaben zu erwarten sind. Sollen hieraus praktische Konsequenzen gezogen werden, so ist an Hand der danach gewonnenen Erkenntnisse ein auf die künftige Zeit gerichteter Zahlungsplan aufzustellen. Er soll unter Berücksichtigung notwendiger Investitionen einerseits, möglicher Kreditaufnahmen oder -prolongationen andererseits den fristgerechten und störungsfreien Ausgleich der Verpflichtungen eines Unternehmens gewährleisten. Gerade in schwierig gelagerten Fällen ist er ein unentbehrliches **Instrument zur Steuerung der Liquidität.** Im Rahmen derartiger kurz- und

[1]) Im Schrifttum nennt man Liquidität III. Grades oft die Zusammenfassung der hier als Liquidität I. bis III. Grades bezeichneten Größen. Häufig unterscheidet man auch vier Liquiditätsgrade (vgl. E. Gutenberg, Einführung in die Betriebswirtschaftslehre, Wiesbaden 1958).

langfristiger Zahlungspläne kann auch die Abdeckung besonderer Verpflichtungen, z. B. größerer Steuernachholungen auf Grund einer Betriebsprüfung, eingebaut werden. Aufstellung und Verwirklichung der Planzahlen bedingen in jedem Falle Zahlungswilligkeit und Mitwirkung des Schuldners sowie eine maßvolle, aber auch feste Durchsetzung des Rechtstitels seitens des Gläubigers.

Ein solcher Zahlungs- oder Finanzplan soll die voraussichtlichen künftigen Einnahmen und Ausgaben termingemäß erfassen und das jeweilige Dekkungsverhältnis — monatlich oder vierteljährlich — errechnen.

Beim Ansatz der Zahlen ist von der Vergangenheit auszugehen, die erkennbare Entwicklung der Zukunft jedoch zu berücksichtigen. Möglichkeiten zur Verbesserung der Liquidität sind nach Abstimmung mit der Unternehmensleitung einzuarbeiten; z. B.

auf der Einnahmenseite:

- Aufnahme von Krediten oder neuem Eigenkapital,
- Veräußerung betrieblicher oder privater Vermögensgegenstände, beispielsweise von Wertpapieren,
- Abstoßen von verlustbringenden Geschäften oder Beteiligungen,
- Vergabe von Lizenzen und Know-how,
- Erhöhung der Sätze für Kundenskonti, um zu einer schnelleren Zahlung anzureizen,
- Umsatzsteigerungen durch gezielte Sonderaktionen, z. B. Schlußverkäufe unter Preisherabsetzungen;

auf der Ausgabenseite:

- zeitweiliges Abstoppen von Rohstoffbeschaffungen, d. h. Verringerung des Lagers,
- Drosselung der Aufwendungen und Investitionen,
- lizenzweise Übernahme von Patenten und Verfahren statt eigener Forschung und Entwicklung,
- Herabsetzung überhöhter Gehälter an Gesellschafter-Geschäftsführer bzw. Verminderung der Privatentnahmen,
- Tilgungsaussetzung bei langfristigen Geldern,
- Umwandlung von Verbindlichkeiten in Eigenkapital.

Unsicherheitsfaktoren, z. B. möglichen Kundenausfällen und Folgen von Kreditmaßnahmen, z. B. Zinsbelastung bei Aufnahme eines Bankkredits, ist Rechnung zu tragen. Je nach Deckung der unvermeidbaren Ausgaben durch die mutmaßlich verfügbaren Mittel ist die Abtragung von Zahlungs-Rückständen, z. B. Steuerschulden, vorzusehen. Die Planzahlen sind mit den Ist-Zahlen zu vergleichen und die Ursachen etwaiger Abweichungen zu ergründen. Erforderlichenfalls sind die Planzahlen den veränderten Verhältnissen anzupassen. (Beispiel eines Zahlungsplans s. S. 69.)

Selbstverständlich lassen sich derartige Zahlungspläne auch in anderer Weise aufstellen, z. B. Abdeckung durch einen monatlichen, begrenzten Grundbetrag sowie einen zusätzlichen, umsatzabhängigen Steigerungsbetrag. „Eingefrorene" Kundenforderungen werden vielfach in Verbindung mit den

Muster eines Halbjahres-Zahlungsplans
(1. 4. bis 30. 9. . . 01)

(in 1 000 DM)	April	Mai	Juni	Juli	August	Sept.
Am Stichtag (1. 4.) vorhandene Bestände an						
Kasse, Bank, Postscheck	100	—	—	—	—	—
zu erwartende Zahlungsmittel						
aus Besitzwechseln (Stand 1. 4.)	100	50	50	—	—	—
aus Warenforderungen (Stand 1. 4.)	100	100	100	—	—	—
aus Rechnungsausgang April	800	400	200	200	—	—
aus Rechnungsausgang Mai		800	400	200	200	—
aus Rechnungsausgang Juni			800	450	250	200
aus Rechnungsausgang Juli				900	450	250
aus Rechnungsausgang August					800	400
aus Rechnungsausgang September						700
aus Barverkäufen	80	90	100	100	100	90
aus sonstigen Einnahmen (z. B. Mieten)	—	50	50	50	50	50
zusätzliche Liquiditätsverbesserung (z. B. Verkauf von Wirtschaftsgütern des Anlagevermögens)	150	—	50	—	—	—
	1 330	1 490	1 750	1 900	1 850	1 690
zu erwartende Ausgaben:						
Abdeckung des Bestands am Stichtag an						
Akzepten (1 Mill. DM)	200	200	200	200	200	—
Warenverbindlichkeiten (1,2 Mill. DM)	300	300	300	300	—	—
Laufende Ausgaben für						
Löhne und Gehälter	350	300	350	350	450	450
allgemeine Aufwendungen, Zinsen	200	200	250	250	250	250
unvermeidbare Anschaffungen	75	75	75	75	75	75
laufende betriebliche Steuern usw.	100	50	50	100	180	50
Warenbezüge	100	150	200	300	500	500
Vertriebs-Aufwendungen	40	40	40	140	140	140
Privatentnahmen	10	10	10	10	10	10
Mieten und Pachten	75	75	75	80	80	80
Erhaltungsaufwand	25	25	25	25	25	25
unter Berücksichtigung der erforderlichen Einsparungen	1 475	1 425	1 575	1 830	1 910	1 580
Einnahmen-Überschuß	—	65	175	70	—	110
Einnahmen-Fehlbetrag	145	—	—	—	60	—
frei zur Deckung der Steuerrückstände = Zahlungsrate	—	—	95	70	—	50
Entwicklung der Steuerrückstände, zum 1. 4. . . 01 = 400, bei planmäßiger Tilgung	400	400	305	235	235	185

laufenden Belieferungen, beispielsweise (bei Brauereien) von Bier, durch entsprechende Preisstellung und das Bestehen auf Barzahlung „aufgetaut".

Der Erfolg von Zahlungsplänen hängt nicht zuletzt davon ab, daß zugleich Rationalisierungsmaßnahmen durchgeführt und neue Vertriebswege beschritten werden. Häufig bedingt er auch personelle Veränderungen.

6. Liquiditätsprüfungen bei Einziehung von Steueransprüchen

Bei der Einziehung von Steueransprüchen kann sich aus verschiedenen Gründen ein Anlaß zur Durchführung von Liquiditätsprüfungen ergeben (§ 1 Abs. 2 BpO-St).

Ersucht ein Steuerpflichtiger um Stundung (§ 127 Abs. 1 AO) oder Erlaß (§ 131 AO) seiner rechtens bestehenden Steuerschuld, so muß sich die Finanzverwaltung, die als Steuergläubigerin die Interessen der Allgemeinheit zu vertreten hat, davon überzeugen, ob die termingemäße Einziehung nach den gegebenen wirtschaftlichen und finanziellen Verhältnissen unbillig wäre. Hiervon wird man sprechen können, wenn sich der Steuerpflichtige in ernsthaften Zahlungsschwierigkeiten befindet, die Mittel zur Zahlung der Steuern nicht besitzt und auch nicht mehr in zumutbarer Weise beschaffen kann. Wird eine Geldleistung, die nach den Steuergesetzen geschuldet wird, nicht gezahlt, so hat das Finanzamt im Beitreibungsverfahren die Vermögens- und Einkommensverhältnisse des Steuerpflichtigen zu ermitteln (§ 325 AO), um über eine mögliche Niederschlagung von Steuerrückständen entscheiden zu können.

Für all diese Ermessensentscheidungen — einen Rechtsanspruch z. B. auf Stundung hat der Steuerpflichtige nicht — sind Liquiditätsuntersuchungen Voraussetzung. Sie sollen an Hand der buchmäßigen Aufzeichnungen und sonstigen Unterlagen über Liquiditäts- und Vermögensstatus, Umsatz- und Gewinnentwicklung, Kreditmöglichkeiten usw. besonders folgende Feststellungen zeitnahe treffen:

- Auf welchen Ursachen beruht die aufgetretene Zahlungsschwierigkeit? Z. B. hohe Kundenausfälle, ungenügende Kapazitätsausnutzung, Unterkapitalisierung usw.
- Wird die ungenügende Liquidität annehmbar nur vorübergehend sein oder besteht die Gefahr anhaltender Zahlungsschwierigkeiten? Hierbei kann eine Liquiditäts-Untersuchung, s. S. 64, 65, als Beurteilungsgrundlage dienen.
- Wie wird sich voraussichtlich die Liquidität künftig entwickeln und durch welche Maßnahmen kann sie möglicherweise verbessert werden? Eine gewisse „Steuerung" der Liquidität kann nachhaltig nur durch Auf-

stellen eines Zahlungsplans, kurz- und langfristig, der auch die Abdeckung der Steuerrückstände einbezieht, erreicht werden. Hierzu und wegen der Möglichkeiten zur Liquiditätsverbesserung s. S. 67 ff.

- Wird im Falle einer Stundung der Steueranspruch gefährdet? Welche Vorschläge können zu seiner Sicherung gemacht werden? In Betracht kommen z. B. Eintragung einer Sicherungshypothek, Abtretung von Forderungen, Bürgschaften Dritter.
- Wird bei Beitreibung der Steuerforderung die Fortführung des Unternehmens in Frage gestellt? Wie hoch ist die Beschäftigtenzahl, deren Arbeitsplatz dadurch gefährdet würde?
- Steht fest, daß eine Zwangsvollstreckung keinen Erfolg haben wird oder daß die Kosten der Zwangsvollstreckung außer Verhältnis zu dem geschuldeten Betrag stehen (§ 130 AO)? Diese Feststellung wäre die Voraussetzung für eine interne, buchmäßige Niederschlagung des Steueranspruchs.
- Welche Momente sprechen für einen Erlaß der Steuerschuld, teilweise oder ganz? Das können z. B. sein:
  unverschuldete Notlage durch Krankheit, höhere Gewalt, wie Unwetterkatastrophen.

Die Beantwortung dieser Fragen setzt die Mitwirkung des Steuerpflichtigen bei der Ermittlung seiner Verhältnisse voraus und bedarf sorgfältiger Abwägung, da u. U. das Schicksal des betreffenden Unternehmens davon abhängen kann. Hierbei sind, wenn es sich um Abzugs- und Verkehrsteuern handelt, strenge Maßstäbe anzulegen. Es dürfen nicht durch Billigkeitsmaßnahmen Wettbewerbsvorteile gewährt werden.

VII. Rentabilität

Unter Rentabilität wird allgemein das Verhältnis des Erfolgs (positiv als Gewinn, negativ als Verlust) zu dem im Unternehmen arbeitenden Kapital verstanden[1]).

Auch hier gibt es für die Beurteilung verschiedene Maßstäbe. Sie sind jedoch mit Vorbehalt zu verwenden; denn das Eigenkapital ist nicht eindeutig meßbar, sondern bewertungsabhängig. Ferner ist der Zähler, z. B. der Reingewinn, auf den Wirtschaftsabschnitt zeitraumbezogen, während der Nenner, das Kapital, zum Abschlußzeitpunkt stichtagbezogen ist. Bei Kapitalgesellschaften umschließt das eigene Kapital neben dem Grund- bzw. Stammkapital auch die Rücklagen, den Gewinnvortrag und ähnliches. Von Einfluß auf die Höhe des ausgewiesenen Gewinns ist die Unternehmungsform. Bei Kapitalgesellschaften mindern die Bezüge des Vorstands bzw. der Geschäftsführer den Gewinn, bei Einzelunternehmen bzw. Personengesellschaften steckt der Unternehmerlohn im Gewinn[2]). Bei Kapitalgesellschaften werden der ausgeschüttete und einbehaltene Gewinn unterschiedlich besteuert. Deshalb sollte im Interesse der Vergleichbarkeit von dem Gewinn vor Abzug der Ertrag- und Vermögensteuern ausgegangen werden. Damit würde wie bei Einzelunternehmen und Personengesellschaften verfahren. Hier sind ja die nichtabzugsfähigen Steuern den Privatentnahmen zuzurechnen. In der Praxis — so auch im Beispielsfalle (S. 21) — wird allerdings im allgemeinen nicht so verfahren, da für die Unternehmen die betriebliche Ertrags- und Vermögensbesteuerung Kostencharakter hat.

1. Verzinsung des nominellen Eigenkapitals bei Kapitalgesellschaften

(Ausgangspunkt für die Gewinnausschüttung)

Der bei Kapitalgesellschaften nach dem Abzug der steuerlich nicht absetzbaren Steuern vom Ertrag und Vermögen verbleibende Reingewinn zeigt im Verhältnis zum nominellen Eigenkapital die Obergrenze für den zu wählenden Gewinnausschüttungssatz, bei Aktiengesellschaften der Dividende. Divi-

---

[1]) Demgegenüber:
Wirtschaftlichkeit = optimale Kostengestaltung; man will ein bestimmtes Ziel mit geringstmöglichem Mitteleinsatz oder mit gegebenen Mitteln einen möglichst hohen Erfolg erreichen. Die Größe ergibt sich aus der Relation von Leistungen zu Kosten oder von Ertrag zu Aufwand einer Periode.
Produktivität = Verhältnisgröße zur Messung des Leistungsergebnisses mit den Leistungsfaktoren (Arbeit, Kapital, Betriebsorganisation); die Größe ergibt sich durch Bezugnahme des Ertrags oder der Leistung auf eine Einsatzeinheit, z. B. . . . qm Dachpappe je Maschinenstunde.

[2]) Bei Vergleichen zwischen Einzelunternehmen bzw. Personengesellschaften und Kapitalgesellschaften ist deshalb ein angemessener Unternehmerlohn für die Arbeitsleistung im Betrieb in Abzug zu bringen.

dende ist derjenige Gewinnanteil, der prozentual auf dem Nennbetrag des Grundkapitals ausgezahlt wird. Diese Obergrenze war im Beispielsfalle (S. 21) für das Wirtschaftsjahr . 01 = 10,7 %, für das Wirtschaftsjahr . 02 = 12,7 %.

Unter **Rendite** der Anteile wird ihre **effektive** Verzinsung unter Zugrundelegung des Börsenkurses verstanden; z. B. Börsenkurs = 300, Dividende = 12 %, Effektivverzinsung = 4 %. Bei Beurteilung dieser Rendite ist eine etwaige Gewinn-Anspeicherung (siehe S. 53) nicht außer acht zu lassen.

Rentabilität

	Wirtschaftsjahr . . 01	Wirtschaftsjahr . . 02
1. *Verzinsung des Grundkapitals* (Ausgangspunkt für Dividendenvorschlag) $\frac{\text{Reingewinn}}{\text{Grundkapital}}$	$\frac{160}{1\,500} = 10{,}7\,\%$	$\frac{190}{1\,500} = 12{,}7\,\%$
2. *Verzinsung des Eigenkapitals* (Netto-Rentabilität) $\frac{\text{Reingewinn}}{\text{durchschnittliches Eigenkapital}}$	$\frac{\quad}{\quad} = \%$	$\frac{190}{2\,080} = 9{,}1\,\%$
3. *Verzinsung des Gesamtkapitals* (Brutto-Rentabilität) $\frac{\text{Reingewinn + Zinsaufwand}}{\text{durchschnittliches Gesamtkapital}}$	$\frac{\quad}{\quad} = \%$	$\frac{440}{6\,550} = 6{,}7\,\%$
4. *Umsatzgewinnrate* $\frac{\text{Reingewinn + Steuern vom Ertrag und Vermögen}}{\text{Umsatz}}$	$\frac{160 + 100}{12\,340} = 2{,}1\,\%$	$\frac{190 + 150}{16\,900} = 2{,}0\,\%$
5. *Cash flow* $\frac{\text{Reingewinn + Abschreibungen}}{\text{Umsatz}}$	$\frac{160 + 1\,100}{12\,340} = 10{,}3\,\%$	$\frac{190 + 1\,550}{16\,900} = 10{,}3\,\%$
6. *Return on Investment* $\frac{\text{Reingewinn + Zinsen}}{\text{Umsatz}} \times \frac{\text{Umsatz}}{\text{Gesamtkapital}}$	$\frac{\quad}{\quad} \times \frac{\quad}{\quad} = \%$	$\frac{190 + 250}{16\,900} \times \frac{16\,900}{6\,550} = 6{,}76\,\%$

2. Verzinsung des Eigenkapitals

(Netto-Rentabilität)

Den Unternehmer interessiert vornehmlich die Rentabilität seines im Betrieb durchschnittlich arbeitenden Eigenkapitals, das sich bei Kapitalgesellschaften aus Grund- bzw. Stammkapital, Rücklagen, Gewinnvortrag und

Gewinn vor Ausschüttung zusammensetzt (siehe auch S. 40 ff.). Dieses ist mangels anderer geeigneterer Unterlagen wie folgt zu berechnen:

im Beispielsfalle

$$\frac{\text{Eigenkapital am Anfang} + \text{Eigenkapital am Ende}}{2}; \quad \frac{(1860 + 2300)}{2} = 2080$$

Diese Durchschnittsrechnung unterstellt, daß sich Kapitalveränderung und Gewinnerzielung gleichmäßig auf das Wirtschaftsjahr verteilen.

Es ist ferner zu beachten, daß der bilanzmäßig ausgewiesene Erfolg gegenüber dem tatsächlichen Betriebsergebnis durch außerordentlichen Aufwand und Ertrag sowie die Bildung und Auflösung stiller Reserven unter Umständen recht erheblich abweichen kann. Im Interesse der Vergleichbarkeit sind diese Faktoren zu eliminieren; z. B.

ausgewiesener Erfolg des Unternehmens			100 000,— DM
Neutrales Ergebnis			
neutrale Erträge	⁒ 10 000,— DM		
neutraler Aufwand	+ 30 000,— DM	+	20 000,— DM
stille Reserven			120 000,— DM
Auflösung	—		—
Bildung	+ 40 000,— DM		40 000,— DM
tatsächliches Betriebsergebnis:			160 000,— DM

Im Beispielsfalle (S. 21) ergibt sich für das Wirtschaftsjahr . 02 eine Verzinsung des Eigenkapitals von

$$\frac{190}{2080} = 9,1\,\%$$

Auch dieser Satz gilt nur mit Vorbehalt, d. h., sofern nicht noch Bildung und Auflösung stiller Reserven zu berücksichtigen sind. Ein außerbetrieblicher Vergleich dieses Gewinnsatzes ist nur innerhalb des gleichen Wirtschaftszweigs sinnvoll, da je nach branchenbedingter Kapital- bzw. Arbeitsintensität Unterschiede bestehen müssen.

3. Verzinsung des Gesamtkapitals

(Brutto-Rentabilität)

Die echte Wirtschaftlichkeit des Unternehmens zeigt sich in der Verzinsung des Gesamtkapitals. Als Maßstab dient die Relation:

$$\frac{\text{Reingewinn} + \text{Zinsaufwand für Fremdkapital}}{\text{im Unternehmen durchschnittlich arbeitendes Gesamtkapital}^{1)}}$$

Im Beispielsfalle (S. 21) beträgt sie für das Wirtschaftsjahr . 02

$$\frac{190 + 250}{\frac{6060 + 7040}{2}} = \frac{440}{6550} = \underline{\underline{6,7\,\%}}$$

---

[1]) Angesetzt mit der Passivseite der Bilanz, abzüglich Rechnungsabgrenzungsposten.

Trotz Zunahme der Rentabilität des Unternehmens im ganzen kann bei stärkerem Steigen des Zinsaufwandes der Reingewinn sinken. Übersteigt der Verzinsungssatz des Gesamtkapitals den Zinssatz für das aufgenommene Fremdkapital, so erweist sich die Fremdfinanzierung als vorteilhaft für das Unternehmen.

Beispiel:

Rendite des Gesamtkapitals = 12 %
Zinssatz für Fremdkapital = 6 %

(a)	Eigenkapital	750		Gesamtertrag	120	
	Fremdkapital	250	./.	Zins für Fremdkapital	15	
		1 000	=	Ertrag des Eigenkapitals	105	= 14 %
(b)	Eigenkapital	250		Gesamtertrag	120	
	Fremdkapital	750	./.	Zins für Fremdkapital	45	
		1 000	=	Ertrag des Eigenkapitals	75	= 30 %

Der umgekehrte Effekt tritt ein, wenn die zu zahlende Zinsquote für Fremdkapital die Rendite des Gesamtkapitals übersteigt.

Als Nutzanwendung ergibt sich hieraus, daß bei geringer Rentabilität und bei hohem Fremdkapitalzins eine weitgehende Eigenfinanzierung anzustreben ist.

4. Umsatzgewinnrate

Der Erfolg eines Unternehmens entsteht nicht durch das Kapital an sich, sondern durch dessen „Arbeit". Deshalb ist von besonderem Interesse die Umsatzgewinnrate, auch als d y n a m i s c h e R e n t a b i l i t ä t bezeichnet. Hier zeigt sich der Unterschied zwischen Aufwand und Ertrag in seiner absoluten und relativen Veränderung innerhalb der Entwicklung des Geschäftsvolumens. Gewöhnlich wird diese Kennzahl ausgedrückt durch den Bruttoüberschuß vor Steuern, d. h. der Summe des Jahresüberschusses zuzüglich Steuern vom Ertrag und Vermögen, im Verhältnis zum Umsatz:

$$\frac{\text{Gewinn}}{\text{Umsatz}} \cdot 100$$

Nach den Zahlen des Beispiels (S. 21) betrug der Umsatzgewinn, wie aus der Berechnung auf S. 74 hervorgeht, im Wirtschaftsjahr . 01 = 2,1 %, im Wirtschaftsjahr . 02 = 2 %.

Die Umsatzgewinnrate ist besonders für zwischenbetriebliche Vergleiche geeignet. Allgemein gilt:

Je geringer die Kapital-Umschlagshäufigkeit ist, um so höher muß die Umsatzgewinnrate sein. Als eindeutiger Maßstab für die unterschiedliche Ertragskraft der einzelnen Unternehmen kann auch diese Kennzahl nicht gewertet werden. Der Jahresüberschuß ist mit dem betriebswirtschaftlichen Gewinn nicht identisch. Der Steuerposten enthält gewinn-unabhängige Bestandteile. Ferner wird er durch die Art der Gewinnverwendung beeinflußt;

je höher der Anteil des ausgeschütteten Gewinns, um so niedriger ist — infolge des gespaltenen Tarifs — der Steueraufwand. Die Umsatzerlöse sind nach dem Grad der Wertschöpfung unterschiedlich zu beurteilen. Sie können außerdem durch Handelserlöse, durchlaufende Posten und in anderer Weise, z. B. durch Verbrauchsteuern, beeinflußt sein. Nach den Ergebnissen bilanzanalytischer Untersuchungen gewinnt ein Unternehmen mit wachsender Größe durchaus nicht immer an — relativer — Ertragskraft. Dennoch sind, wie aus Bilanzstatistiken für das Jahr 1968[1]) hervorgeht, Firmen mit hoher Ertragskraft stärker unter den Großunternehmen vertreten als bei Gesellschaften mit niedrigeren Umsätzen. Allerdings darf nicht übersehen werden, daß Großunternehmen wegen der bei ihnen größeren Last an fixen Kosten besonders konjunkturempfindlich sind. Relativ kleine Umsatzeinbußen können zu teilweise empfindlichen Gewinnrückgängen führen. Umgekehrt steigt bei wachsenden Umsätzen die Gewinnrate unverhältnismäßig rasch. („Die letzte Mark bringt den höchsten Gewinn.")

Eine nicht unerhebliche Rolle für die Gewinnhöhe spielt das Ausmaß der Skonti, gewährter wie in Anspruch genommener. Deshalb wird in Ergänzung der Umsatzgewinnrate folgender Skontovergleich vorgenommen:

z. B.

$$\frac{\text{Kundenskonti} \times 100}{\text{Umsatz}} = \ldots \% \qquad \frac{150\,000 \times 100}{10\,000\,000} = 1{,}5\,\%$$

$$\frac{\text{Lieferantenskonti} \times 100}{\text{Einkauf}} = \ldots \% \qquad \frac{80\,000 \times 100}{4\,000\,000} = 2\,\%$$

5. Cash-flow

(Kassen-Zufluß)

Hierunter wird der Teil des betrieblichen Einnahmestromes verstanden, der nicht kurzfristig zu Ausgaben führt, sondern in dem Unternehmen für längere Zeit „hängenbleibt" und ihm zur Ausschüttung der Dividende, zur Finanzierung von Investitionen und zur Rückzahlung von Verbindlichkeiten verfügbar ist. Gewöhnlich wird der Cash-flow, d. h. die einbehaltenen Erlösteile, wie folgt errechnet:

handelsbilanzmäßiger Reingewinn,
d. h. nach Abzug der Ertragsteuern
\+ Zuweisungen zu Rücklagen
./. Entnahme aus Rücklagen
\+ handelsbilanzmäßige Anlage-Abschreibungen
\+ handelsbilanzmäßige Abschreibungen auf Finanzanlagen
+/./. Veränderungen beim Pauschaldelkredere
\+ Zuführungen zu langfristigen Rückstellungen mit Rücklagen-Charakter
\+ Zuweisungen zu Unterstützungseinrichtungen
= Brutto-Cash-flow
(./. Gewinnausschüttung = Netto-Cash-flow)
ausgedrückt in Prozent vom Umsatz oder
in D-Mark je 100 DM Nominalkapital bzw. Stück.

[1]) FAZ vom 14. 12. 1969.

Die „Umsatz-Cash-flow-Rate" zeigt an, inwieweit ein Unternehmen finanziellen Anforderungen aus eigener Kraft nachzukommen vermag. Der Cash-flow je Aktie schließt die sich aus Kursschwankungen ergebenden Zufälligkeiten aus.

Diese pragmatische Rentabilitätsformel bewahrt vor Fehlbeurteilungen, die dadurch entstehen können, daß der ausgewiesene Gewinn bei Unternehmen mit starker Investition infolge hoher Abschreibungsbeträge (u. U. überhöht durch Anwendung degressiver Abschreibungsmethoden, Ausnutzung von Abschreibungsfreiheiten) unverhältnismäßig gemindert wurde[1]).

Im Beispielsfalle (S. 21) beträgt er:

im Wirtschaftsjahr ..01 $\frac{160 + 1\,100}{12\,340} = 10{,}3\,\%$ vom Umsatz

im Wirtschaftsjahr ..02 $\frac{190 + 1\,550}{16\,900} = 10{,}3\,\%$ vom Umsatz

Das ist ein ungewöhnlich hoher Cash-flow-Satz, der bei normalrentierlichen Unternehmen etwa 3 bis 4 % des Umsatzes ausmacht, wobei naturgemäß innerhalb der Branchen Unterschiede bestehen. Allerdings läßt auch diese Verhältniszahl nicht erkennen, inwieweit stille Reserven, z. B. durch direkte Buchung von Investitionen über Aufwand, gebildet oder aufgelöst wurden. Das gilt ebenso hinsichtlich des außerordentlichen betriebs- und periodenfremden Aufwands und Ertrags. Eine Vergleichbarkeit des Cash-flow-Satzes erfordert neben Branchenidentität gleichen Vermögensaufbau der Unternehmen. Die Gegenüberstellung eines lohn- und eines anlageintensiven Betriebs ist deshalb nur begrenzt aussagefähig, da sich zwar die Abschreibungen, nicht aber die Personalkosten im Cash-flow-Satz niederschlagen. Ebenso können zwei Unternehmen mit gleicher Produktionsmittelausstattung nur mit Einschränkung verglichen werden, wenn das eine seine Anlagen gekauft, das andere sie im Wege des Leasings lediglich gemietet hat.

6. Return on Investment

(Rückfluß, Ertrag des investierten Kapitals)

Die Umsatzgewinnrate, vervielfacht mit dem Kapitalumschlag, ergibt als Kennzahl den Maßstab für die Verzinsung des eingesetzten Kapitals (= Return on Investment). Im allgemeinen wird folgende vereinfachte Formel angewendet:

$$\frac{\text{Gewinn}}{\text{Umsatz}} \times \frac{\text{Umsatz}}{\text{investiertes Kapital}} = \frac{\text{Gewinn}}{\text{investiertes Kapital}}$$

Der Umsatz wird netto, d. h. nach Abzug der Erlösschmälerungen, angesetzt. (Richtiger wäre es, um eine Gleichheit der Wertbasis mit dem investierten Kapital zu haben, vom Netto-Umsatz ./. Gewinn auszugehen.)

[1]) Als Maßgröße der Finanzkraft dient sie zunehmend der Wertpapier-Analyse und der Bonitätsbeurteilung für langfristige Kredite.

Unter investiertem Kapital wird in diesem Zusammenhang die Summe aller dem Unternehmen zur Verfügung stehenden Vermögenswerte verstanden. Der Gewinn wird auf die Summe der Aktiven der Bilanz bezogen. (Vielfach wird beim Anlagevermögen ein Zuschlag vorgenommen, um die Verzerrungen durch die meist überhöhten Abschreibungen auszugleichen.) Als Gewinn wird gewöhnlich — abweichend gegenüber der unter 4. behandelten Umsatzgewinnrate — die Verzinsung des Gesamtkapitals, also einschließlich der Fremdzinsen und vor Abzug der Ertragsteuern, zugrunde gelegt[1]).

Beispiel:

(Werte in Mill. DM)	Wirtschaftsjahr	..01	..02	..03
Investiertes Kapital (Betriebskapital)	(Inv.)	90	95	100
Umsatz, netto	(U.)	160	180	200
Gewinn	(G.)	16	18	20
Umsatzgewinnrate	$\left(\frac{G}{U}\right)$	10 %	10 %	10 %
Kapitalumschlag	$\left(\frac{U}{Inv.}\right)$	1,78 ×	1,89 ×	2,0 ×
Return of Investment		17,8 %	18,9 %	20,0 %

Das Beispiel zeigt, daß die Steigerung der Rentabilität bei gleicher Umsatzgewinnrate allein auf einer Steigerung des Kapitalumschlags beruht.

Verkaufspolitisch wichtige Erkenntnisse verschafft die Berechnung des Return on Investment bei einer

Aufschlüsselung auf Kostenträger:		Prod. A	Prod. B	Gesamt
Investiertes Kapital (Betriebskapital)	(Inv.)	50	50	100
Umsatz, netto	(U.)	150	50	200
Gewinn	(G.)	15	5	20
Umsatzgewinnrate		10 %	10 %	10 %
Kapitalumschlag		3 ×	1 ×	2 ×
Return on Investment		30 %	10 %	20 %

Bei hoher Umschlagsgeschwindigkeit genügt schon eine geringere Gewinnspanne für eine gute Kapitalrendite.

Der Kapitalumschlag ist beeinflußbar; z. B. durch Beschränkung des Sortiments, durch Abstoßen nicht ausgenützter Anlagen. Andererseits bremst die zunehmende Mechanisierung der industriellen Fertigung mit dem dadurch verbundenen erhöhten Kapitalbedarf die Umschlagsgeschwindigkeit.

Die Konsequenz aus diesen Überlegungen zur Rentabilitätsgrundlage ist die Anwendung von Mischkalkulationen, besonders im Einzelhandel.

[1]) Vgl. Kleinebeckel, Blick durch die Wirtschaft, 11. 11. 1965.

Je kleiner die Kapitalumschlagsdauer ist, um so niedriger kann der Gewinnaufschlag auf die Selbstkosten sein.

Im Beispielsfalle (S. 21) würde sich folgende Berechnung des Return on Investment im Wirtschaftsjahr ..02 ergeben:

$$\frac{\text{Reingewinn + Zinsen für Fremdkapital}}{\text{Umsatz (= Nettoerlöse aus Lieferungen und Leistungen)}} \times \frac{\text{Umsatz (= Nettoerlöse aus Lieferungen und Leistungen)}}{\text{durchschnittlich investiertes Kapital (Eigen- + Fremdkapital am Anfang + Eigen- + Fremdkapital am Ende : 2)}}$$

$$\frac{190 + 250 = 440}{16\,900} \times \frac{16\,900}{\frac{6\,060 + 7\,040}{2} = 6\,550}$$

$$= 2{,}6 \times 2{,}6$$

$$= \underline{\underline{6{,}76\,\%}}$$

Nach einer privaten Berechnung[1]) ergaben sich für 1964 bei den industriellen Unternehmen der Bundesrepublik im Durchschnitt nachstehende Kennzahlen:

Gewinnrate	Kapitalumschlag	Return on Investment
8,7	1,4	12,2

7. Ertragsteueraufwand — Steuerbilanzgewinn

Zwischen Handels- und Steuerbilanzgewinn besteht oft ein recht erheblicher Unterschied. Er beruht im wesentlichen auf divergierenden Bewertungsvorschriften. Da das Bilanzsteuerrecht eine Bewertungswillkür nicht zuläßt, wird vielfach angenommen, daß der Steuerbilanzgewinn dem „wahren" (d. h. nicht durch Bildung und Auflösung stiller Reserven getrübten) Ergebnis näher liege. Deshalb ist die externe Bilanzanalyse bemüht, aus den bei Aktiengesellschaften nach § 157 AktG gesondert auszuweisenden Aufwandposten „Steuern vom Einkommen, Ertrag und Vermögen" Rückschlüsse auf die Höhe des Steuerbilanzgewinns zu ziehen. Dieser zusammenfassende Aufwandposten enthält jedoch neben der Körperschaftsteuer noch folgende Steuerarten: Vermögensteuer, Gewerbekapital- und -ertragsteuern bzw. Lohnsummensteuer, Grundsteuer und sonstige Steuern, wie z. B. Lastenausgleichsabgaben. Um auf den Körperschaftsteueraufwand zu kommen, muß der Anteil der übrigen Steuerarten durch Schätzung eliminiert werden. Da die Tarifsätze bekannt sind, ist eine Rückrechnung vom Körperschaftsteueraufwand auf den ihm zugrunde liegenden Gewinn grundsätzlich möglich. Dabei ist der ermäßigte Satz für Ausschüttungen zu berücksichtigen. Eine Rückrechnung mit so vielen Unbekannten kann aber nur zu

[1]) Vgl. Heimann, Blick durch die Wirtschaft vom 8. 11. 1965.

einer groben Vermutung mit der Möglichkeit starker Fehlschätzungen führen.

Der Aussagewert einer solchen schätzungsweisen Berechnung ist auch aus anderen Gründen sehr fraglich. So können folgende Momente zu Fehlschlüssen führen:

- Der Körperschaftsteueraufwand braucht nicht in jedem Jahr periodengerecht zu sein. Er kann also Nachzahlungen für frühere Jahre enthalten.
- Der Körperschaftsteueraufwand kann durch Steuerpräferenzen (z. B. für West-Berlin) gemindert oder um Steuerbeträge vermehrt sein, die gar nicht mit dem Unternehmen selbst, sondern mit Tochtergesellschaften im Zusammenhang stehen.
- Durch Verlustabzug und steuerfreie Erträge kann der Körperschaftsteueraufwand gemindert sein.
- Der Körperschaftsteueraufwand kann durch Schachtelprivileg oder Organschaftsverträge Verzerrungen erfahren.
- Das steuerliche Vermögen, die Höhe der Einheitswerte des Grundvermögens und der Dauerschulden sind unbekannt und lassen sich extern nicht hinreichend genau schätzen.

Unter diesen Umständen erscheint es gewagt, den Steuerbilanzgewinn errechnen zu wollen. Im übrigen stellt das Ergebnis der Steuerbilanz ebenfalls nicht den betriebswirtschaftlich „wahren“ Gewinn dar, da er auf steuerrechtlichen Vorschriften beruht, die neben fiskalischen Gesichtspunkten wirtschafts- und sozialpolitische Zielsetzungen enthalten. Trotz dieser Bedenken soll das Beispiel auf S. 82 die Methode einer Schätzung des Steuerbilanzgewinns — ausgehend von einem bereits aufgegliederten Steueraufwand — zeigen.

Einen gewissen Anhalt über die Entwicklung der Ertragskraft eines bestimmten Unternehmens kann ein Vergleich mit den veröffentlichten Repräsentativzahlen ergeben. Nach von der Frankfurter Allgemeinen Zeitung regelmäßig vorgenommenen Auswertungen des von rd. 1000 Aktiengesellschaften in den Abschlüssen ausgewiesenen Ertragsteueraufwands liegt dieser — bezogen auf den Umsatz — im Durchschnitt der letzten Jahre bei 3 bis 5 %; 1961 = 4,69 %, 1967 (Rezessionsjahr) = 3,06 % (beispielsweise veröffentlicht am 13. 12. 1965 und am 28. 12. 1968).

Innerhalb der verschiedenen Industriezweige zeigen sich starke Unterschiede. So standen z. B. in 1964 die Energieunternehmen mit 7,39 % an der Spitze, die Erdölbetriebe mit 0,83 % am Ende der Tabelle.

Bei dem Vergleich dieser Aufwand-Kennzahlen ist die Entwicklung mehrerer Jahre heranzuziehen, um die oben erwähnten störenden Elemente abzuschwächen.

[1]) Entnommen von Wissenbach, a. a. O., S. 148 fg.

Schätzung des Steuerbilanzgewinns bei aufgegliedertem Ertragsteueraufwand

Steuern vom Einkommen, Ertrag und Vermögen

Körperschaftsteuer	40 %	3 581 000 DM
Vermögensteuer	7 %	627 000 DM
Gewerbesteuer	33 %	2 954 000 DM
Grundsteuer	5 %	447 000 DM
Nachzahlungen	15 %	1 343 000 DM
	100 %	8 952 000 DM

Gezahlte Dividende = 12,5 % von 33,5 Mill. DM Grundkapital		= 4 022 400 DM
davon steuerfreie Erträge aus Beteiligungen, wegen Schachtelprivilegs (§ 9 KStG)		./. 814 700 DM
steuerpflichtige Dividende (zu 15 %)		3 207 700 DM
KSt-Aufwand insgesamt (s. o.)		3 581 000 DM
./. 15 % KSt auf Dividende von 3 207 700 DM		= 481 000 DM
KSt zum Satz von 51 %		3 100 000 DM
dem entspricht ein zu versteuernder Gewinn von		6 078 000 DM
davon entfallen auf nichtabzugsfähige Steuern		
KSt auf Dividende	481 000 DM	
VSt	627 000 DM	
²/₃ der gezahlten Vermögensabgabe	703 000 DM	1 811 000 DM
der KSt unterliegende Reservenbildung		4 267 000 DM

Hiernach ergibt sich folgender Steuerbilanzgewinn:

		KSt
steuerfreie Erträge aus Beteiligungen	814 700 DM	—
Dividendenausschüttung (15 % KSt)	3 207 700 DM	481 000 DM
nicht abzugsfähige Steuern (51 % KSt)	1 811 000 DM	924 000 DM
zu versteuernde Reservenbildung (51 % KSt)	4 267 000 DM	2 176 000 DM
	10 100 400 DM	3 581 000 DM

VIII. Kennzahlen

„Zahlenfriedhöfe" gibt es in jedem Unternehmen. Durch „Kennzahlen", d. h. Zahlenwerte oder Zahlenverhältnisse von Erkenntniswert, können die betrieblichen Daten zum Leben erweckt werden. Als Maßstab drücken Kennzahlen das Verhältnis betriebswirtschaftlicher Größen (Umsatz, Ertrag, Kapital, Vermögen, Kosten, Produktionsmenge usw.) zueinander aus. Eine Gegenüberstellung mit den Zahlen früherer Zeitabschnitte gibt Aufschluß über eingetretene Veränderungen. Ein Vergleich derartiger Kennzahlen mit denen anderer Unternehmen oder der Branche läßt erkennen, wie der Betrieb „im Rennen liegt". Ihr Aussagewert kann durch eine Kombination mehrerer Kennzahlen, z. B. die Beurteilung des Gewinnes auf Grund von Lagerumschlagshäufigkeit und Rohgewinnsatz (vgl. S. 29), in sich verprobt und vertieft werden. Die Mehrzahl an Kennzahlen ist innerbetrieblicher Natur, z. B. hinsichtlich des Fertigungs- oder des Vertriebsbereiches. Sie sind teils informatorisch, teil kausalorientiert, d. h. um die Klarlegung von Ursache und Wirkung bemüht. Bei der großen Zahl der sich anbietenden Zahlenkombinationen kommt es entscheidend auf eine den Verhältnissen im Einzelfall gerecht werdende Auswahl an. Sie soll dem Unternehmer die „Position" und die sie bestimmenden wirtschaftlichen Faktoren aufzeigen und ihn vom reinen „Umsatzdenken" zur Beobachtung der Produktivität veranlassen. Die meisten Unternehmensleitungen lassen sich deshalb von der Buchhaltung eine systematisch aufgebaute Zusammenstellung von Kennzahlen — teils monatlich, teils jährlich — vorlegen.

Für die Revision sind derartige Kennzahlen wichtige Anhaltspunkte, besonders dann, wenn sie Divergenzen aufdecken. Im Rahmen der Besteuerung dienen sie der Verprobung und als Hilfsmittel bei Schätzungen.

1. Lagerumschlag

Die Lagerumschlagzahl ergibt sich als Quotient aus Lagerabgängen einer Periode und durchschnittlichem Bestand.

Je schneller der Lagerumschlag, desto geringer die Lagerdauer und damit Lagerrisiko, Lagerkosten und Kapitalbeanspruchung. Der durchschnittliche Lagerbestand läßt sich, sofern nicht der Inventurbestand, beispielsweise durch das Weihnachtsgeschäft desortiert, außergewöhnlich ist, aus dem Mittel von Anfangs- und Endbestand schätzungsweise errechnen. Sind zwischenzeitliche Bestandsaufnahmen vorhanden, so ist hiervon der Durchschnitt zu errechnen; z. B. Anfangsbestand + 12 Monatsbestände, dividiert durch 13. Um Verzerrungen durch Bewertungsunterschiede zu vermeiden, sind bei der Errechnung der Lagerumschlagszahl der Waren- bzw. Materialeinsatz und der durchschnittliche Lagerbestand zu Anschaffungs- bzw. Herstellkosten vor etwaigen Bewertungsabschlägen anzusetzen.

Die Umschlagshäufigkeit des Warenlagers

$$= \frac{\text{Waren- bzw. Materialeinsatz}}{\text{durchschnittlicher Lagerbestand}}$$

ist als Branchenkennzahl sehr unterschiedlich; bei einem Warenhaus z. B.: in der Lebensmittelabteilung 20 bis 25 mal, in der Möbelabteilung 3 bis 4 mal, insgesamt im Durchschnitt 6 bis 7 mal im Jahr.

Ist der Waren- bzw. Materialeinsatz nicht durch Aufzeichnung der Betriebsbuchhaltung oder Lagerverwaltung bekannt, so muß er schätzungsweise durch die Rückrechnung

Umsatz ./. Rohgewinn (./. Fertigungslohneinsatz)

ermittelt werden.

Die Lagerdauer ergibt sich aus der zeitlichen Umrechnung:

$$\frac{\text{365 Tage}}{\text{Umschlagshäufigkeit}}; \text{ z. B. } \frac{365}{7} = 52 \text{ Tage}$$

Nach dem Beispielsfall (S. 21) beträgt im Wirtschaftsjahr . 02 entsprechend der Berechnung auf S. 85

die Lagerumschlagshäufigkeit = 3,26
die Lagerdauer = 112 Tage.

Aus der Lagerdauer läßt sich auf den für die Unterhaltung der Warenbestände erforderlichen Lagerungs- und Zinsaufwand schließen.

Eine solche Berechnung des Lagerumschlags ist bei Handelsbetrieben üblich. Sie ergibt auf indirektem Wege eine komplexe Aussage über die durchschnittliche Umschlagsgeschwindigkeit. Bei Fertigungsbetrieben ist aus technischen und organisatorischen Gründen die individuelle Durchlaufzeit vorrangig. Nach REFA ist das die Zeit, die der Werkstoff für die Einheit der Erzeugung von Eingang in den Betrieb bis zur Ablieferung des be- oder verarbeiteten Werkstoffes an die Abnahmestelle benötigt.

2. Kapitalumschlag

Die Kennzahlen des Umschlags von durchschnittlichem Eigen- und Gesamtkapital zeigen den Wirkungsgrad des investierten Kapitals. Je höher der Kapitalumschlag, um so günstiger ist die Rentabilitätserwartung zu veranschlagen. Kapitaleinsatz und Umsatz sollen in einem der Art des Unternehmens angemessenen optimalen Verhältnis zueinander stehen. Das Unternehmen darf tunlichst keine Über- oder Unterkapitalisierung aufweisen. Überkapitalisierung beeinträchtigt die Rentabilität, Unterkapitalisierung stört den Betriebsablauf.

Sonstige Kennzahlen

Wirtschaftsjahr . . 01 Wirtschaftsjahr . . 02

1. Lagerumschlag

a) Durchschnittlicher Lagerbestand:

$$\frac{\text{Anfangsbestand} + \text{Endbestand}}{2} \qquad \frac{850+1050}{2} = 950$$

b) Umschlagshäufigkeit:

$$\frac{\text{Materialeinsatz}}{\text{durchschnittlicher Lagerbestand}} \qquad \frac{3\,100}{950} = 3{,}26\text{mal}$$

c) Lagerdauer:

$$\frac{365\ \text{Tage}}{\text{Umschlagshäufigkeit}} \qquad \frac{365}{3{,}26} = 112\ \text{Tage}$$

2. Kapitalumschlag

$$\frac{\text{Umsatz}}{\text{durchschnittliches Eigenkapital}} \qquad \frac{\quad}{\quad} = \text{mal} \qquad \frac{16\,900}{2\,080} = 8{,}1\text{mal}$$

$$\frac{\text{Umsatz}}{\text{durchschn. Gesamtkapital}} \qquad \frac{\quad}{\quad} = \text{mal} \qquad \frac{16\,900}{6\,650} = 2{,}6\text{mal}$$

3. Vermögensintensität
(je 1,— DM Umsatz)

$$\frac{\text{Anlagevermögen}}{\text{Umsatz}} \qquad \frac{2\,700}{12\,340} = —{,}22 \qquad \frac{3\,000}{16\,900} = —{,}17$$

$$\frac{\text{Umlaufvermögen}}{\text{Umsatz}} \qquad \frac{3\,280}{12\,340} = —{,}27 \qquad \frac{3\,880}{16\,900} = —{,}23$$

4. Kapitalintensität

$$\frac{\text{Gesamtkapital}}{\text{Beschäftigte}} \qquad \frac{6\,060}{600} = 10\,100{,}— \qquad \frac{7\,040}{700} = 10\,600{,}—$$

$$\frac{\text{Eigenkapital}}{\text{Beschäftigte}} \qquad \frac{1\,860}{600} = 3\,100{,}— \qquad \frac{2\,300}{700} = 3\,300{,}—$$

$$\frac{\text{Betriebl. Anlagevermögen}}{\text{Beschäftigte}} \qquad \frac{2\,700}{600} = 4\,500{,}— \qquad \frac{3\,000}{700} = 4\,300{,}—$$

5. Grad der Rationalisierung

a) $$\frac{\text{Umsatz}}{\text{Beschäftigte}} \qquad \frac{12\,340}{600} = 20\,500{,}— \qquad \frac{16\,900}{700} = 24\,100{,}—$$

b) $$\frac{\text{Umsatz}}{\text{Arbeitsstunden, produktive}} \qquad \frac{12\,340}{700} = 17{,}60 \qquad \frac{16\,900}{850} = 19{,}90$$

c) $$\frac{\text{Umsatz}}{\text{qm Gebäude-Nutzfläche}} \qquad \frac{12\,340}{8} = 1\,540{,}— \qquad \frac{16\,900}{9{,}5} = 1\,780{,}—$$

d) Investitionsgrad:

$$\frac{\text{Investitionen}}{\text{Umsatz}} \qquad \frac{1\,000}{12\,340} = 8{,}1\,\% \qquad \frac{1\,800}{16\,900} = 10{,}7\,\%$$

Im Beispielfalle (S. 21) beträgt die Umschlagszahl:

		Wj. . . 02	
beim Eigenkapital:	$\frac{\text{Umsatz}}{\text{durchschnittliches Eigenkapital}}$	$\frac{16\,900}{\frac{1\,860 + 2\,300}{2}}$	= 8,1mal
beim Gesamtkapital:	$\frac{\text{Umsatz}}{\text{durchschnittliches Gesamtkapital}}$	$\frac{16\,900}{\frac{6\,060 + 7\,040}{2}}$	= 2,6mal

Als durchschnittlich eingesetztes Kapital ist im allgemeinen das Mittel von Anfangs- und Endkapital anzunehmen.

Der Unterschied in der Umschlagszahl ergibt sich aus dem Anteil an Fremdkapital in der Gesamtkapitalausstattung. Je niedriger der Fremdkapitalanteil, desto geringer die Abweichung dieser beiden korrespondierenden Kennzahlen.

Handelsbetriebe haben einen höheren Kapitalumschlag als Unternehmen der Grundstoffindustrie und der Herstellung, da in diesem Bereich gewöhnlich ein größeres Anlagevermögen erforderlich ist und der Produktionsprozeß langfristig in stärkerem Maße Mittel bindet. Durch geeignete Rationalisierungsmaßnahmen im Sortiment (Artikelzahl, Lagergröße, Einkaufsdisposition) und im Vertrieb (gezielte Werbung, Sonderangebote, Verbesserung der Kundenstruktur) können Handelsbetriebe den Kapitalumschlag auch leichter positiv beeinflussen.

3. Vermögensintensität

Mittels Umrechnung der dem Unternehmen dienenden Vermögenswerte auf die Umsatzeinheit läßt sich als Kennzahl eine Intensitätszahl errechnen, die sich in ihrer Vergleichbarkeit der Dynamik des Unternehmens anpaßt. Sie soll möglichst niedrig sein, da dies auf eine günstige Kostensituation schließen läßt, vorausgesetzt, daß nicht eine Verzerrung durch Unterbewertung des Betriebsvermögens vorliegt.

Im Beispielfalle (S. 21) beträgt sie:

		Wj. . . 01	Wj. . . 02
		DM	DM
beim betrieblichen Anlagevermögen	$\frac{\text{Anlagevermögen}}{\text{Umsatz}}$	$\frac{2\,700}{12\,340}$ = —,22	$\frac{3\,000}{16\,900}$ = —,17
beim Umlaufvermögen	$\frac{\text{Umlaufvermögen}}{\text{Umsatz}}$	$\frac{3\,280}{12\,340}$ = —,27	$\frac{3\,880}{16\,900}$ = —,23

4. Kapitalintensität

Eine weitere Schlüsselzahl für den Betriebsvergleich ist der Kapitaleinsatz je Beschäftigten. (Eine Differenzierung zwischen Arbeitern und Angestellten dürfte im Hinblick auf die fortschreitende technische und soziale Entwicklung wenig sinnvoll sein.) Die Kosten je Arbeitsplatz sind zum Teil sehr hoch, haben infolge zunehmender Technisierung steigende Tendenz und sind in den einzelnen Wirtschaftszweigen unterschiedlich. Meist werden der Beschäftigtenzahl gegenübergestellt: Gesamtkapital, Eigenkapital und betriebliches Anlagevermögen (I, 1).

Im Beispielsfalle (S. 21) ergeben sich nach der Berechnung auf S. 85:

	Wirtschaftsjahr ..01	Wirtschaftsjahr ..02
	DM	DM
Gesamtkapital / Beschäftigte	10 100	10 600
Eigenkapital / Beschäftigte	3 100	3 300
Betriebliches Anlagevermögen / Beschäftigte	4 500	4 300

Diese Kennzahlen liegen vergleichsweise — die Kosten eines Arbeitsplatzes bewegen sich, von Sonderfällen abgesehen, im allgemeinen zwischen 10 000 und 100 000 DM — niedrig, so daß man auf erhebliche stille Reserven im Anlagevermögen schließen kann.

Bei Unternehmen, die einheitliche oder verwandte Erzeugnisse herstellen, z. B. Bier, Blech verschiedener Stärken, kann ein Vergleich des je Produktionseinheit (z. B. Hektoliter, Tonne) eingesetzten Kapitals aufschlußreich sein.

5. Grad der Rationalisierung

Gewisse Rückschlüsse auf den Grad der Rationalisierung in Fertigung und Vertrieb läßt die Umsatzentwicklung je beschäftigte Person, je Arbeitsstunde und je qm Gebäudefläche zu, die wiederum mit dem Investitionsgrad zu vergleichen ist.

Im Beispielsfalle (S. 21) betragen diese Kennzahlen:

	Wj. . . 01 DM	Wj. . . 02 DM	Veränderung
Umsatz je beschäftigte Person	20 500,—	24 100,—	+ 18 %
Umsatz je Arbeitsstunde, produktive	17,60	19,90	+ 13 %
Umsatz je qm Gebäudefläche	1 540,—	1 780,—	+ 16 %
Investitionen je 100 DM Umsatz	8,10	10,70	+ 32 %

(Berechnung s. S. 85.)

Die durchweg positive Veränderung dieser Relationen läßt darauf schließen, daß die Umsatzsteigerung von 37 % (s. o.) nicht allein auf die zusätzlichen Arbeitskräfte (= 100) und die räumliche Vergrößerung (1500 qm), sondern — abgesehen von Markteinflüssen — auf eine echte Erhöhung des Wirkungsgrades zurückzuführen ist. Das zeigt sich in der Steigerung des Umsatzes je produktiver, d. h. der Fertigung (gleich ob im Arbeiter- oder Angestelltenverhältnis) dienender Arbeitsstunde um 13 %. Nicht zuletzt wird dies auf die Steigerung des Investitionsgrades von 8,1 % auf 10,7 % zurückzuführen sein.

Derartige Kennzahlen werden innerhalb der einzelnen Branchen zu Zwecken des Betriebsvergleichs herangezogen. Sie finden auch bei steuerlichen Verprobungen und Schätzungen Verwendung. In besonders ungünstigen Fällen können sie als Indiz für die Berechtigung von Teilwertabschreibungen herangezogen werden. Bei einer Beurteilung der Entwicklung dieser Kennzahlen sind störende Faktoren, wie Preisentwicklung, Intensivierung der Werbung, Erschließung neuer Absatzmärkte usw., zu eliminieren.

6. Kostenentwicklung

Bei Fertigungsbetrieben haben Materialeinsatz, Löhne und Gehälter (einschließlich Sozialleistungen) sowie die Instandhaltungsaufwendungen erhöhtes Gewicht. Zur Beurteilung der Kostenstruktur lassen sich im Beispielfalle (S. 21) folgende Zahlen gegenüberstellen:

		Wj. . . 01	Wj. . . 02
(a)	Materialeinsatz:		
	Materialeinsatz / Fertigungsstunden[1]	2 400 / 1 250 = 1,92 DM	3 100 / 1 550 = 2,— DM
(b)	Lohnentwicklung:		
	Löhne und Gehälter / Zahl der Beschäftigten	4 750 / 600 = 7 920,— DM	6 250 / 700 = 8 930,— DM
	Sozialleistungen / Löhne und Gehälter	950 / 4 750 = 20 %	1 300 / 6 250 = 21 %
	Löhne und Gehälter / Fertigungsstunden	4 750 / 1 250 = 3,80 DM	6 250 / 1 550 = 4,03 DM
(c)	Instandhaltung:		
	Instandhaltungsaufwand / Betriebliches Anlagevermögen am Anfang	420 / 2 800 = 15 %	840 / 2 700 = 31 %

Derartige Kennzahlen sind besonders für den externen Betriebsvergleich geeignet.

[1] Hierüber liegen statistische Zahlen aus der Industrie-Berichterstattung vor.

Auffallend im Beispielsfalle ist das Anwachsen des Lohn- und Gehaltsaufwands je Beschäftigten und die erhebliche — absolute wie relative — Zunahme des Instandhaltungsaufwands[1]).

7. Kombination von Kennzahlen

Die Verwendung einzelner Kennzahlen vermittelt zwar bestimmte Eindrücke, lenkt aber unter Umständen von wesentlichen Fakten, z. B. Strukturveränderungen, ab. Dieser Gefahr kann durch eine sinnvolle Kombination begegnet werden, wobei sich Umfang und Darstellung des Zahlenmaterials aus den besonderen Verhältnissen und Schwerpunkten des betreffenden Unternehmens ergeben. Die Übersichtlichkeit darf durch eine Auffächerung von Kennzahlen nicht leiden. Bei ihrer Auswahl ist eine wechselseitige Kontrolle anzustreben.

In das von der Dupont Company entwickelte System („Pyramide") wurden die Zahlen des Beispielsfalles (S. 21) eingearbeitet:

$$\frac{\text{Reingewinn}}{\text{Eigenkapital}} \quad \frac{190}{2\,080} = 9{,}1\,\%$$

mal

$$\frac{\text{Reingewinn}}{\text{Umsatz}} \qquad\qquad \frac{\text{Umsatz}}{\text{Eigenkapital (Reinvermögen)}}$$

$$\frac{190}{16\,900} = 1{,}12 \qquad\qquad \frac{16\,900}{\frac{1\,860 + 2\,300}{2}} = 8{,}1$$

Erlöse	16 900
+ a. o. Ertrag	300
	17 200
./. Aufwand	17 010
Reingewinn	190

fixer Aufwand
rd. 20 % = rd. 3 500
variabler Aufwand
rd. 80 % = 13 510
(lt. BAB)

Anlagevermögen	Umlaufvermögen
3 200	3 880
54,1 %	44,8 %

Sachanlagen
= 3 000
Finanzanlagen
= 200

Vorräte
1 050 + 330
= 1 380
Forderungen
1 800 + 100
+ 450 = 2 350
bare Mittel 150

---

[1]) Ein derartiges Ansteigen des Instandhaltungsaufwands wird die Betriebsprüfung zum Anlaß nehmen, zu untersuchen, ob darin nach steuerlichen Gesichtspunkten zu aktivierende Herstellungskosten enthalten sind.

IX. Gesamtwert eines Unternehmens

Der Wert eines Unternehmens im ganzen als ein in sich abgeschlossenes Wirtschaftsgebilde wird vor allem aus Anlaß der Veräußerung, des Ein- und Austritts von Gesellschaftern, bei Umwandlungen, Fusionen sowie für Besteuerungszwecke ermittelt. Eine Ableitung des Unternehmenswertes aus Verkäufen scheidet aus, da es einen Markt hierfür — wie bei Aktien — nicht gibt. Es kann deshalb nur ein Schätzwert unter dem Gesichtswinkel sein, was ein real denkender Käufer für das Unternehmen zahlen würde. Seine Höhe hängt wesentlich von der nachhaltig zu erwartenden Ertragskraft ab. Um die von — oft nur zeitweise erzielten — Übergewinnen ausgehende Verzerrung des Ertragswerts zu eliminieren, wird zusätzlich der Sachwert (= Reproduktionswert zum Bewertungsstichtag) herangezogen. Deshalb wird der Gesamtwert eines Unternehmens im allgemeinen als modifiziertes Mittel zwischen Reproduktions- bzw. Substanz- und Ertragswert errechnet. Diese Methode entspricht dem in der Besteuerung früher für das Betriebsvermögen angewandten Berliner Verfahren:

$$\frac{\text{Gesamtwert des}}{\text{Unternehmens}} = \frac{\text{Vermögenswert} + \text{Ertragswert}}{2}$$

Dieser Gesamtwert kann niemals niedriger als der Liquidationswert sein.

1. Reproduktionswert (Sachwertverfahren)

Hierunter wird die Summe der dem Unternehmen dienenden Wirtschaftsgüter zu Zeitwerten abzüglich Verbindlichkeiten verstanden. Dieser Wert wird dadurch gefunden, daß die einzelnen Aktivposten der Bilanz zu den Kosten angesetzt werden, die aufzuwenden wären, wenn ein Unternehmen gleicher technischer und wirtschaftlicher Leistungsfähigkeit wie das bestehende Unternehmen errichtet würde (= Status zu Wiederbeschaffungs- bzw. Wiederherstellungskosten). Dabei sind die der Abnutzung entsprechenden Abschreibungen sowie sonstige den Wertansatz beeinflussende Momente (Wertberichtigungen) zu berücksichtigen; d. h. also Ansatz zum Tageswert auf dem Beschaffungsmarkt. Bei Forderungen mindern etwaige Zinsverluste, Erlösschmälerungen und Ausfallrisiken den Nennwert. Anomale Umstände, z. B. ein erheblicher Überbestand beim Vorratsvermögen, sind im Rahmen der Bewertung zu berücksichtigen. Nicht betriebsnotwendige Wirtschaftsgüter nehmen eine Sonderstellung ein. Auszuscheiden ist ein vorhandener derivativer Geschäftswert. Die Findung der anzusetzenden „Zeitgebrauchswerte" wird vielfach nicht ohne Sachverständige möglich sein. Schulden, die ja vom Erwerber eines Betriebs üblicherweise übernommen werden, sind ebenfalls zu Tageswerten anzusetzen; z. B. Währungsverbindlichkeiten. Rückstellungen sind auf ihre Angemessenheit hin zu prüfen. Der Reproduktionswert wird in der Regel höher, kann aber auch niedriger als der Buchwert sein. Aktivposten abzüglich Verbindlichkeiten ergeben den Eigenkapitalanteil.

In vereinfachter Weise läßt sich dieser vom Reproduktionswert ausgehende Eigenkapitalanteil im Beispielsfalle (S. 21) zum Ende des Wirtschaftsjahres . . 02 wie folgt schätzen:

	Eigenkapital (I, II, III, VIII)		2 300 000 DM
+	Anpassung an die Tageswerte beim Anlagevermögen = 25 % von 3 200 000	=	800 000 DM
	Anpassung an die Tageswerte beim Umlaufvermögen = 10 % der Warenvorräte = 10 % von 1 400 000	=	140 000 DM
	Kürzung bei überhöht ausgewiesener Rückstellung = 10 % von 1 000 000	=	100 000 DM
	Reproduktionswert/Eigenkapitalanteil		3 340 000 DM
	bezogen auf das Grundkapital von		1 500 000 DM
	ergibt einen „Bilanzkurs“ von rd.		223 %

Selbstverständlich muß jede Schätzung den Verhältnissen des einzelnen Falles angepaßt werden. Die Summierung der Reproduktionskosten ergibt nur den Wert der isoliert gesehenen einzelnen Wirtschaftsgüter, berücksichtigt aber nicht, daß sie in einem lebenden „Betrieb“ eine wirtschaftliche Einheit bilden. Persönliche Umstände und Ertragslage bleiben bei diesem Sachwertverfahren unbeachtet. Letztlich ist aber für den Wert der Produktionsmittel die entscheidende Schlüsselgröße ein kostendeckender Umsatz, der von manchen vermögensmäßig nicht bestimmbaren Fakten abhängig ist. Diesem Umstand wird durch Einbeziehung des Ertragswertes Rechnung getragen.

2. Ertragswert

Es wird darin der aus dem nachhaltigen Ertrag errechnete Wert für im Rahmen eines Unternehmens im ganzen genutzte Wirtschaftsgüter verstanden (= „arbeitendes Kapital“). Er ergibt sich, wenn der durchschnittlich erzielbare Ertrag eines Unternehmens nach folgender Formel kapitalisiert wird:

$$\frac{\text{Durchschnittsertrag} \times 100}{\text{landesüblicher Zinsfuß}}$$

(Die Unsicherheiten des wirtschaftlichen Lebens sind bei Kaufverhandlungen nicht selten Anlaß, nicht von einer „ewigen Rente“, sondern nur von einem zeitlich befristeten Ertrag auszugehen.)

Dieser Ertrag soll eine angemessene Verzinsung des investierten Kapitals, eine Risikoprämie für das Unternehmerwagnis sowie einen Unternehmerlohn für die tätige Mitarbeit im Betrieb abgelten.

Den für die Zukunft erwarteten Durchschnittsertrag errechnet die Praxis aus den Erträgen der vorangegangenen Jahre — meist der letzten drei bis fünf Jahre — unter Berücksichtigung der vermuteten Ertragsaussichten. Der durchschnittlich erzielte Ertrag ist hierbei vom neutralen Aufwand und Ertrag sowie von der Bildung und Auflösung stiller Reserven (z. B. durch Vornahme überhöhter Abschreibungen bzw. Rückgängigmachung übersetzter Wertberichtigungen) zu bereinigen. Nicht erfaßter Eigenverbrauch ist hinzuzurechnen. Fremdkapitalzinsen sind als Betriebsausgabe abzusetzen. Anomaler Zinsaufwand für Fremdkapital ist zu korrigieren, wenn der Erwerber günstige Zahlungsbedingungen (z. B. bei Verwandten-Darlehen) nicht weitererhalten oder umgekehrt hohe Zinsbelastungen (bei teuren kurzfristigen Krediten) durch Rückzahlungen mindern wird. Zu bemerken ist dabei, daß der Erwerber für den Geschäftswert zusätzlich Kapital aufbringen muß, das zu verzinsen ist, sofern ihm nicht eigene Mittel zur Verfügung stehen. Gewerbeertrag- und Körperschaftsteuer mindern den Ertragswert des Unternehmens, nicht jedoch — nach im allgemeinen vertretener Auffassung — die Einkommensteuer. Bei der Ermittlung des Ertragswerts von Einzelfirmen und Personengesellschaften ist wegen der hier üblichen unentgeltlichen Mitarbeit des Betriebsinhabers der Ansatz eines angemessenen Unternehmerlohns als Kostenfaktor begründet.

Der Zinssatz, zu welchem zur Gewinnung des Ertragswertes der Unternehmung der Durchschnittsertrag kapitalisiert wird, ist für die Berechnung von entscheidender Bedeutung. Als Ausgangsbasis wird im allgemeinen der landesübliche Zinssatz für langfristig angelegte, risikofreie Gelder (Pfandbriefe) gewählt. Hierzu wird gewöhnlich ein nach Branchen differenzierter Risikozuschlag gemacht. Andererseits ist das Moment der Substanzerhaltung zinssatzmindernd zu berücksichtigen. (Die Effektiv-Verzinsung der Aktien liegt im Durchschnitt unter der für festverzinsliche Papiere.) Für die Zinshöhe ist die Frage der Mobilisation (leichte oder schwere Verkäuflichkeit des Unternehmens) meist von sekundärer Bedeutung. Letztlich entspricht der Kapitalisierungszinssatz meist dem kalkulatorisch angesetzten Zinssatz. Allgemein kann man sagen, daß ein mit stärkerem Risiko behaftetes Unternehmen, beispielsweise durch hohe Fixkosten, einen höheren Kapitalisierungszinsfuß haben muß.

Im Beispielsfalle (S. 21) wäre der Durchschnittsertrag der vergangenen zwei Jahre

$$\frac{160\,000 + 190\,000}{2} = 175\,000 \text{ DM.}$$

In der Annahme, daß der Ertrag bei Nichtbildung stiller Reserven um rund 20 % höher wäre, ergäbe sich ein durchschnittlicher Gewinn von 210 000 DM

(175 000 + 35 000). Als Zinsfuß könnte, wenn die bisherige Ertragskraft auch in Zukunft erwartet werden kann, mit 5 % (= 4 % Durchschnittsrendite bei Aktien + 25 % Risikozuschlag) gerechnet werden. Hiernach ergäbe sich durch Kapitalisierung folgender Ertragswert:

$$\frac{210\,000 \times 100}{5} = \underline{\underline{4\,200\,000 \text{ DM.}}}$$

Wäre von einem höheren Zinsfuß auszugehen, beispielsweise 8 %, würde der Ertragswert niedriger:

$$\frac{210\,000 \times 100}{8} = \underline{\underline{2\,625\,000 \text{ DM.}}}$$

3. Differenzierung

Die Wertbestimmung eines Unternehmens im ganzen beruht auf Schätzungen. Hierbei ist den Verhältnissen des Einzelfalles weitestgehend Rechnung zu tragen. So ist zu berücksichtigen, ob es sich um einen kapital- oder arbeitsintensiven Betrieb handelt. Im ersten Falle ist dem Reproduktionswert, im zweiten Falle dem Ertragswert ein größerer Anteil zuzumessen.

Neben den Rechengrößen Substanz- und Ertragswert sind nach Möglichkeit Vergleichswerte heranzuziehen. Falls ein Börsenkurswert vorliegt, kann dieser brauchbar sein, sofern er nicht durch Faktoren bestimmt wird. die außerhalb einer echten Wertfindung liegen; z. B.

Spekulationskäufe oder -verkäufe,

Interessentenkäufe zur Abrundung des Aktienbesitzes,

übermäßige Berücksichtigung der Gegenwarts-Rentabilität,

ungenügende Einbeziehung von Rücklagen und stillen Reserven,

psychologische Momente, politische Lage, wirtschaftliche Rezession oder Hochkonjunktur,

Materialknappheit an der Börse, beispielsweise durch zu geringe Neu-Emissionen.

Nur wenn diese Faktoren keinen entscheidenden Einfluß auf die Kursbildung hatten, kann ein Durchschnittswert zwischen Höchst- und Niedrigstkurs der vorangegangenen Jahre hilfsweise herangezogen werden.

Beispiel:

Niedrigstkurs	90		
Höchstkurs	150		
	240 : 2		120 %
Nominalkapital			1 Mill. DM
durchschnittlicher Kurswert		=	1,2 Mill. DM

Bei Betrieben mit gleichförmiger Produktion können unter gewissen Voraussetzungen technische Leistungseinheiten einen branchegebundenen Bewertungsmaßstab abgeben; z. B. bei auf Wasserkraft beruhenden Elektrizitätswerken die Stromerzeugung in KWh, bei Zeitschriften-Verlagen die Abonnentenzahl oder die Höhe der verkauften Auflage.

Der Wert eines Betriebes kann sich für einen Erwerber höher stellen, wenn er ihn in eine bereits bestehende Organisation einbauen oder den Nutzeffekt durch Rationalisierungsmaßnahmen steigern kann. Überhaupt entspricht der für ein Unternehmen erzielte Preis nur selten den errechneten Werten, da bei der endgültigen Einigung meist der wirtschaftlich Stärkere entscheidet und zahlreiche Imponderabilien, z. B. die Gewinnung von Einflußmöglichkeiten oder die Erlangung bestimmter Wirtschaftsgüter, eine Rolle spielen können. Ziel der Unternehmensbewertung ist die rechnerische Ermittlung eines objektiven Rahmens zur Findung des Preises zwischen den Vertragspartnern, wobei dann subjektive Erwägungen die Entscheidung haben.

4. Errechnung des Gesamtwertes

Die Unternehmensbewertung geht grundsätzlich vom „Substanzwert" aus, der jedoch nach Maßgabe der Ertragsfähigkeit zu berichtigen ist. Im Beispielsfalle (S. 21) wird es sich um einen arbeitsintensiven Betrieb handeln. Deshalb wäre dem Ertragswert ein größeres Gewicht beizumessen.

Reproduktionswert	= 3 340 000,— DM		
hiervon 40 %		=	1 336 000,— DM
Ertragswert	= 4 200 000,— DM		
hiervon 60 %		=	2 520 000,— DM
Gesamtwert des Unternehmens:			3 856 000,— DM

Besondere Umstände können hierauf einen Zu- oder Abschlag begründen, z. B. 5 % Zuschlag wegen Abrundung des Verkaufssortiments und Einsparung beim Vertriebsapparat.

5. Geschäftswert

Aus dem Unterschied zwischen Gesamtwert der Unternehmung und Reproduktionswert ergibt sich der immaterielle Geschäftswert (Firmenwert, goodwill). Im Beispielsfalle (S. 21):

Gesamtwert	=	3 856 000,— DM
./. Reproduktionswert	=	3 340 000,— DM
= Geschäftswert		516 000,— DM

Dieser innere Wert eines Unternehmens beruht:

auf seinen Beziehungen zum Markt (Verkehrslage, Ruf bezüglich Warenqualität, Preis und Kundendienst, Lieferantenverbindungen, Abnehmerkreis usw.),

auf einem rationalisierten und organisierten Betriebsablauf mit Hilfe eines eingerichteten Mitarbeiterstammes,

auf einer in der Vergangenheit erwiesenen und für die Zukunft zu erwartenden Rentierlichkeit.

Hängt der Firmenwert wesentlich von den Fähigkeiten und Beziehungen des Betriebsinhabers ab, so wird er nicht so nachhaltig mit dem Unternehmen verbunden sein, als wenn er auf gewichtigen Patenten, guter Organisation oder einer starken Marktstellung beruht. Einen solchen Geschäftswert kann das Unternehmen durch erfolgreiche Tätigkeit originär, d. h. von selbst, schaffen. Nach § 153 Abs. 5 AktG darf für den originären Firmenwert kein Aktivposten eingesetzt werden. Übersteigen bei entgeltlichem Erwerb eines Unternehmens die vom Käufer bewirkten Gegenleistungen die Zeitwerte der übernommenen Wirtschaftsgüter, so ist der Unterschiedsbetrag gesondert unter dem Anlagevermögen auszuweisen und handelsrechtlich in jedem folgenden Geschäftsjahr zu mindestens einem Fünftel durch Abschreibungen zu tilgen. In diesem Mehrbetrag drücken sich ersparte Anlaufkosten und die erwartete zusätzliche Rendite gegenüber der Normal-Verzinsung des in der Substanz investierten Kapitals aus. Einkommensteuerlich ist ein solcher derivativer (abgeleiteter) Geschäftswert ebenfalls zu aktivieren, eine Abschreibung ist jedoch nicht zulässig. Es ist nur ein Herabgehen auf den niedrigeren Teilwert möglich, wenn dieser immaterielle Mehrwert des Unternehmens nachweislich eine Minderung von Bedeutung erfahren hat; z. B. wenn durch Wegfall einer ungewöhnlich günstigen Verkehrslage die bisherige Rentabilitätsbasis geschwunden ist. In diesem Mehrwert sieht die steuerliche Rechtsprechung[1]) ein einheitliches Wirtschaftsgut, das nicht zerlegt werden kann, beispielsweise in einen schwindenden derivativen und einen sich bildenden originären Geschäftswert; eine Auffassung, die nicht unbestritten ist, da die Lebensdauer eines derivativen Geschäftswerts begrenzt ist und ein originär entstehender Geschäftswert nicht aktiviert zu werden braucht, eine stille Reserve insoweit also geduldet wird. Die Folge der „Einheitstheorie" ist eine zusätzliche Belastung mit Vermögen- und Gewerbekapitalsteuer beim derivativen Geschäftswert. Der Begründer eines originären Geschäftswerts genießt insoweit gewissermaßen eine zinslose Steuerstundung, solange die Unternehmung in seinem Besitz bleibt. Erst bei deren Verkauf drückt sich der Geschäftswert im Veräußerungsgewinn aus und kann — unter Umständen zum ermäßigten Satz nach § 34 EStG — steuerpflichtig werden. Beim entgeltlichen Erwerb eines Geschäftswerts entfällt diese Vergünstigung. Hier erhöht der zu aktivierende Geschäftswert das Betriebsvermögen mit den entsprechen-

[1]) BFH-Urteil vom 15. 4. 1958, BStBl. III, S. 330.

den steuerlichen Folgen. Ertragsteuerlich werden die Ausgaben für den derivativen Geschäftswert nur wirksam, wenn die Möglichkeit einer Teilwertabschreibung besteht (s. o.), oder bei einer späteren Veräußerung der Unternehmung dadurch, daß der Veräußerungsgewinn insoweit gemindert wird.

Überwiegt der Reproduktionswert, spricht man vom „negativen Geschäftswert“. In diesem Falle sind die Ursachen zu ermitteln. Möglicherweise sind die Zeitgebrauchswerte oder bzw. und der Kapitalisierungs-Zinssatz bei der Errechnung des Ertragswerts zu hoch angesetzt. Besteht kein Anlaß zu einer Korrektur, so entspricht der Ertragswert dem Gesamtwert der Unternehmung, der allerdings den Liquidationswert (= Liquidationserlös bei Einzelverkauf abzüglich Liquidationskosten) nicht unterschreiten darf.

Beim Erwerb von Anteilen an Kapitalgesellschaften findet der Geschäftswert im Preis der Anteile seinen Ausdruck.

6. „Stuttgarter Verfahren” zur Anteilsbewertung

Dieses von der Finanzverwaltung entwickelte Verfahren ist für die Ermittlung des gemeinen Werts nichtnotierter Aktien und Anteile gedacht, wenn er sich nicht aus Verkäufen ableiten läßt. Er ist unter Berücksichtigung des gesamten Vermögens und der Ertragsaussichten der Gesellschaft zu schätzen (§ 11 Abs. 2 BewG). Die hierfür aufgestellten Richtlinien (Einzelheiten vgl. Abschn. 76 ff. VStR) sind ein Hilfsmittel zur Gewährleistung der Einheitlichkeit der Bewertung nach einfachen Faktoren. Das „Stuttgarter Verfahren“ ist zwar ein grobes, aber für alle Unternehmen gleiches Schätzungsverfahren. Aus Gründen der Praktikabilität bei einer Massenbewertung für steuerliche Zwecke muß auf Überlegungen, die ein Sachverständiger bei einer Individualbewertung aller Wirtschaftsgüter des Gesamtvermögens anstellen würde, verzichtet werden[1]), zumal die Methoden der betriebswirtschaftlich-kaufmännischen Unternehmensbewertung nicht einheitlich sind. Daraus ergibt sich, daß der nach dem „Stuttgarter Verfahren“ für Vermögensteuerzwecke ermittelte gemeine Wert von Anteilen nicht zur Begründung einer Teilwertabschreibung in der Ertragsteuerbilanz herangezogen werden kann. Der auf einen bestimmten Feststellungszeitpunkt zu ermittelnde gemeine Wert der Anteile kann nur unter Berücksichtigung des zu diesem Zeitpunkt vorhandenen Vermögens und der Ertragsaussichten geschätzt werden. Er kann lediglich ein Annäherungswert sein; Unebenheiten und Härten im Einzelfalle müssen hingenommen werden. Das Verfahren findet sinngemäß Anwendung bei der Bestimmung des gemeinen Wertes von Anteilen an einer Personengesellschaft.

a) Vermögenswert

Zur Ermittlung des Vermögenswertes ist zunächst das gesamte Vermögen der Gesellschaft zu berechnen. Dabei ist vom Einheitswert des Betriebsver-

---

[1]) BFH-Urteil vom 18. 12. 1968, DB 1969, S. 1131.

mögens auszugehen. Dieser ist der Zielsetzung entsprechend zu korrigieren. Hierzu folgendes Beispiel:

		DM
	Einheitswert des Betriebsvermögens (ohne eigene Aktien und Anteile)	420 000,—
+	bei der Einheitsbewertung nach § 101 BewG außer Ansatz gebliebene Wirtschaftsgüter, z. B. befreites Auslandsvermögen	80 000,—
+	Schachtelbeteiligungen (§ 102 BewG)	220 000,—
+	Unterschiedsbetrag zwischen vollem und teilweisem Wertansatz einzelner Wirtschaftsgüter bei der Einheitsbewertung (Abschn. 77 Abs. 1 VStR)	—
+	sonstige Zurechnungen z. B. Unterschied zwischen Einheitswert und Verkehrswert der Betriebsgrundstücke — Rücklagebeträge[1])	300 000,—
	Zwischensumme	1 020 000,—
⁒	Schulden im Zusammenhang mit den oben vorgenommenen Zurechnungen, soweit nicht im Einheitswert enthalten	—
⁒	Zeitwert der Vermögensabgabeschuld (§ 77 LAG)	64 000,—
⁒	im Einheitswert enthaltener Firmenwert[2])	—
⁒	künftige Ertragsteuerbelastung aus bestimmten § 7 c-Darlehn nach Abschn. 77 Abs. 4 VStR[3])	—
=	Vermögenswert der Gesellschaft	956 000,—
⁒	10 % Abschlag eines mitunter geminderten Werts für die Anteilseigner (Abschn. 77 Abs. 5 VStR)	95 600,—
		860 400,—
	Stammkapital der GmbH	400 000,—
	Vermögenswert in % des Stammkapitals	215 %

b) Ertragswert

Die Ertragsaussichten der Gesellschaft sind aus dem Durchschnitt dreier Jahre herzuleiten. Als Jahresertrag ist das jeweilige körperschaftsteuerliche Einkommen zuzüglich der Einnahmen und abzüglich der Ausgaben, die nach den besonderen Vorschriften des KStG außer Ansatz geblieben sind, zugrunde zu legen (siehe Abschn. 78 der VStR). In Fortsetzung des o. a. Beispiels seien folgende Zahlen angeführt:

---

[1]) Wenn zu erwarten ist, daß sich die Korrekturen auf den Anteilwert nicht nur unwesentlich auswirken.

[2]) Zur Vermeidung einer Doppelberücksichtigung.

[3]) Ansonsten führt die künftige ertragsteuerliche Belastung, z. B. durch Auflösung der durch Sonderabschreibungen gebildeten stillen Reserven — unabhängig von der betriebswirtschaftlichen Unternehmensbewertung —, nicht zu einer Minderung des Vermögenswertes.

	..01 DM	..02 DM	..03 DM
Körperschaftsteuerliches Einkommen der vorangegangenen drei Jahre einschließlich verdeckter Gewinnausschüttung	56 000	66 000	82 000
+ Schachtelgewinne (§ 9 KStG)	—	16 000	26 000
+ Sonderabschreibungen, soweit sie die Normalabschreibungen übersteigen	—	10 000	2 000
+ Verlustabzug nach § 10 d EStG[1])	17 000	—	—
+ steuerfreie Rücklagezuweisungen	—	—	—
	73 000	92 000	110 000
./. Aufsichtsratsvergütungen, steuerlich nicht abzugsfähig	—	—	—
./. Schuldzinsen für Schachtelbeteiligungen, nicht abzugsfähig als Betriebsausgabe	—	—	—
./. KSt, die nach dem jeweiligen körperschaftsteuerlichen Einkommen veranlagt worden ist	28 560	33 660	41 820
./. sonstige Personensteuern, z. B. VSt	3 800	3 800	5 560
./. $^2/_3$ der Vermögensabgabe, auch soweit sie bei der Gewinnermittlung nicht berücksichtigt wird	3 000	3 000	3 000
./. nicht abzugsfähige Spenden	2 834	4 000	4 000
Ertrag des Unternehmens	34 806	47 540	55 620
Ertrag im Durchschnitt der drei Jahre		45 988	

Dabei ist zu prüfen, ob dieser Durchschnittsertrag auch in Zukunft erzielt werden kann. Erforderlichenfalls, z. B. bei starken Konjunkturschwankungen, ungewöhnlichen Einflüssen, ist der künftige Ertrag zu schätzen.

Dieser Durchschnittsertrag wird regelmäßig von den Gesellschaften nicht in vollem Umfange ausgeschüttet werden können. Für die Ermittlung des gemeinen Werts der Anteile ist jedoch der ausschüttungsfähige Ertrag maßgebend. Nach Abs. 3 des Abschn. 78 der VStR ist deshalb ein Abschlag von 30 % zu machen (außergewöhnliche Umstände können einen höheren Satz rechtfertigen). Der ausschüttungsfähige Jahresertrag ist wie bei der Dividendenberechnung mit dem Nennkapital der Gesellschaft zu vergleichen.

Beispiel:

Durchschnittsertrag	45 988,— DM
./. 30 % Abschlag =	13 796,— DM
= ausschüttungsfähiger Ertrag	32 192,— DM
Stammkapital der GmbH	400 000,— DM
Ertrags-Prozentsatz rd.	8 %

[1]) Der Verlust wirkt sich dadurch aus, daß ein Durchschnittsertrag für mehrere Jahre errechnet wird.

c) Gemeiner Wert (Abschn. 79 VStR)

Bei der Bemessung des Kaufpreises wird ein Käufer neben dem Vermögenswert auch die Ertragsaussichten berücksichtigen. Diese beurteilt er weniger nach der Verzinsung des Nennkapitals als nach der Rendite seiner Anschaffungskosten für die Anteile. Er wird deshalb die auf den Anteil entfallenden Erträge der Gesellschaft mit den Zinsen vergleichen, die das von ihm aufzuwendende Kapital, falls er es in anderer Weise anlegt, erbringen würde. Im allgemeinen wird er nur insoweit bereit sein, einen über dem Vermögenswert liegenden Kaufpreis zu bezahlen, als in einem übersehbaren Zeitraum die Erträge des Anteils den Betrag dieser Zinsen übersteigen. Er wird entsprechend weniger bezahlen, wenn die Erträge des Anteils darunter liegen. Als noch übersehbar halten die Vermögensteuer-Richtlinien einen Zeitraum von drei Jahren. Der gesuchte, in einem Prozentsatz ausgedrückte gemeine Wert eines Anteils (x) ergibt sich demnach aus dem in einem Prozentsatz ausgedrückten Vermögenswert des Anteils (V), erhöht oder vermindert um den Unterschiedsbetrag zwischen dem Ertragsprozentsatz des Anteils, berechnet auf drei gedachte Jahre (3 E) und der erzielbaren Verzinsung des aufzuwendenden Kapitals, ebenfalls berechnet auf drei gedachte Jahre. Da die Höhe des aufzuwendenden Kapitals gleich dem gesuchten gemeinen Wert ist, ist dieser letztere Prozentsatz — eine erzielbare Verzinsung von 7 % angenommen — mit $3\left(\frac{7\,x}{100}\right)$ in die Rechnung einzusetzen. Insgesamt ergibt sich dann folgende Gleichung:

$$x = V + 3 \left(E - \frac{7\,x}{100}\right)$$

$$= \frac{82{,}64}{100} (V + 3\,E)$$

Der Prozentsatz von 82,64[1]) wird zur Vereinfachung auf 80 abgerundet. Als gemeiner Wert sind also 80 % der Summe (bzw. Differenz) aus Vermögenswert und dreifachem Ertragswert anzusetzen.

Beispiel:

Stammkapital		400 000	
Vermögenswert der Gesellschaft	956 000		
⁒ Abschlag	95 600	860 400	
Vermögenswert des Anteils			215 %
Durchschnittlicher Jahresertrag	45 988		
⁒ Abschlag	13 796	32 192	
Ertrags-Prozentsatz			8 %

$$\text{Gemeiner Wert} = \frac{80}{100} \times (215 + (3 \times 8))$$

$$= \frac{8}{10} \times 239 \qquad = \text{rd. } \underline{\underline{191\,\%}}$$

[1]) $\frac{100}{(3 \times 7) + 100} = \frac{100}{121} =$ in Prozent 82,64

Besondere Umstände, die in den bisherigen Berechnungen nicht hinreichend zum Ausdruck gekommen sind, können durch Zu- oder Abschläge berücksichtigt werden; so ist beispielsweise ein Abschlag bei Gesellschaften geboten, bei denen nachhaltig unverhältnismäßig geringe Erträge einem großen Vermögen gegenüberstehen. Bei Unterkapitalisierung kann sich ein relativ hoher gemeiner Wert ergeben. Dies rechtfertigt für sich allein keinen Abschlag. Ebenso kommt ein Abschlag wegen der bei einem Verkauf der Anteile oder bei einer Liquidation der Gesellschaft anfallenden Ertragsteuern nicht in Betracht.

Gewährt der Besitz von Anteilen keinen Einfluß auf die Geschäftsführung, so ist das bei der Ermittlung des Gemeinen Werts zu berücksichtigen. Die Bejahung dieser Voraussetzung hängt von den Verhältnissen des Einzelfalles ab und ist nicht auf gewisse Prozentsätze des Anteils am Nennkapital zu beschränken. Ggf. ist dann der Abschlag zur Ermittlung des Vermögenswertes (s. o.) von 10 auf 20 % zu erhöhen. Ein Paketzuschlag in Fällen, wo ein größerer Anteilsbesitz mit Beteiligungscharakter besondere wirtschaftliche Vorteile sichert, ist nur dann vorzunehmen, wenn der gemeine Wert der Anteile aus Verkäufen abgeleitet worden ist.

7. Praxiswert

Ist die Umsatzhöhe von entscheidender Bedeutung für den immateriellen Geschäftswert, so bietet sich für seine schätzungsweise Berechnung diese Schlüsselzahl unter Anwendung eines „Kapitalisierungs-Koeffizienten“ an. Dieses vereinfachte Verfahren ist besonders bei freien Berufen und Dienstleistungsbetrieben üblich. Hier haben sich je nach „Ertragskraft“ und Zukunftsaussichten im Wechselspiel von Angebot und Nachfrage auf dem Markt bestimmte Umrechnungs-Koeffizienten gebildet.

Beispiel zur Berechnung eines Praxiswertes:

			DM	
Umsatz der letzten drei Jahre:	..01	=	81 000	
	..02	=	86 000	
	..03	=	95 000	
			262 000	
./. praxisbedingte Nebeneinnahmen (z. B. aus Gutachtertätigkeit), Hilfsgeschäften (z. B. Verkauf von Anlagegegenständen) ..01 — ..03			4 000	
			258 000	: 3
durchschnittlicher wirtschaftlicher Umsatz		=	86 000	
× berufsüblicher Umrechnungs-Koeffizient		=	1,5	
= immaterieller Praxiswert			129 000	

Sofern der Koeffizient nicht bereits das Risiko des Absprungs von Klienten infolge des Praxisüberganges berücksichtigt, muß dies in anderer geeigneter Weise geschehen, z. B. durch einen Abschlag.

Unabhängig hiervon ist der Ausgleich für die etwa übernommene Praxisausstattung (Buchungs- und Schreibmaschinen, Inventar, Bücher usw.).

Der Praxiswert freier Berufe ist grundsätzlich etwas anderes als der Geschäftswert eines Unternehmens, da er ausschließlich personenbezogen ist und sich verhältnismäßig rasch verflüchtigt. Deshalb ist es einkommensteuerlich in der Regel zulässig, die Anschaffungskosten des Praxiswertes als Absetzung zu verteilen. Als Zeitraum kommen hierfür im allgemeinen 3 bis 5 Jahre in Betracht.

8. Berechnung des Wertes eines Bezugsrechts

Die Aktie ist der Ausdruck eines Mitgliedschaftsrechts an einer Aktiengesellschaft, vor allem des Rechts auf einen Anteil am Gewinn und des Stimmrechts. Nach § 186 Abs. 1 AktG gehört dazu auch das Recht, bei einer Kapitalerhöhung gegen Einlage einen Teil der neuen Aktien zugeteilt zu bekommen. Dieses allgemeine Bezugsrecht entsteht originär mit der Aktie und geht mit ihr unter. Die Urkunde über den Anteil am Grundkapital einer AG (Nominalwert oder Stück) enthält die Höhe der Beteiligung am Vermögenswert des Unternehmens.

Beispiel:	Nominalkapital	Vermögenswert	Kurs
Insgesamt: 800 Aktien zu je 1000 =	800 000	1 600 000	200
Anteil = 3 Aktien zu je 1000 =	3 000	6 000	

Da die Unternehmensleitungen im allgemeinen bestrebt sind, die erzielten Gewinne nicht völlig auszuschütten und in gewissem Umfange stille Reserven zu legen, ist der effektive Vermögenswert meist höher als das Nominalkapital. Dies drückt sich dann auch im Börsenkurs aus[1]).

Durch den Beschluß, das Kapital zu erhöhen und in entsprechendem Umfang neue Aktien auszugeben, wird die Zahl der am Vermögen, am Gewinn und an den inzwischen gebildeten Reserven beteiligten Anteilsrechte erhöht. Werden die neuen Aktien, wie das die Regel ist, u n t e r dem den inneren Wert der Aktien verkörpernden Kurswert der alten Aktien ausgegeben, so erwirbt der Inhaber der neuen Aktien, die diesen — entsprechend dem Nennwert der neuen Aktien — gleichberechtigt an der Aktiengesellschaft beteiligen, auch einen Anteil an den stillen Reserven, der in derselben Höhe aus der Substanz der alten Aktie ausscheidet (= Abspaltung eines Teils eines Wirtschaftsguts). Dadurch wird sich der Kurs aller Aktien regelmäßig niedriger stellen.

---

[1]) Das muß nicht immer der Fall sein; so dann nicht, wenn bei längerer Dividendenlosigkeit das Interesse am einem Erwerb derartiger Aktien nachläßt.

Beispiel:

Angenommen, die oben genannte Aktiengesellschaft beabsichtigt eine Kapitalerhöhung um nominal 200 000 DM durch Herausgabe neuer Aktien im Verhältnis 4 : 1 bei einem Ausgabekurs von 100. Aus dieser Kapitalerhöhung ergäbe sich folgendes n e u e s W e r t v e r h ä l t n i s :

	bisher	nom.	800 000 zu 200 %	= 1 600 000 DM
+	Kapitalerhöhung	nom.	200 000 zu 100 %	= 200 000 DM
=	Nominalkapital		1 000 000	= 1 800 000 DM
	rechnerischer Kurs			= 180 %

Die alte Aktie verliert damit 20 % des Nominalbetrags, insgesamt also 160 000 DM, die den jungen Aktien zuwachsen. Bei gleichbleibendem Dividendenprozentsatz und gleichbleibender Rücklagenzuweisung wird der Bezugsrechtsabschlag gewöhnlich — wenigstens teilweise — nach einiger Zeit wieder aufgeholt, da sich die Kursbewertung vorwiegend nach den offen ausgewiesenen Gewinnen orientiert.

Das den alten Aktionären im Verhältnis ihrer bisherigen nominellen Beteiligung gewährte Bezugsrecht soll die Aktionäre in die Lage setzen, ihre Rechte im bisherigen Umfange aufrechtzuerhalten. Demgemäß verkörpert das Bezugsrecht, sobald es durch den Kapitalerhöhungsbeschluß konkretisiert ist, einen eigenen, unterscheidbaren und selbständig bewertbaren Gegenstand, der neben die alte Aktie tritt. Deshalb wird das Bezugsrecht an der Börse gesondert notiert und gehandelt, d. h., es ist fungibel. Beim Kauf eines solchen Bezugsrechtes handelt es sich um einen derivativen Erwerb. Wird dem Aktionär das Bezugsrecht eingeräumt und von ihm auch wahrgenommen, so gleichen sich Wertverlust und Wertzuwachs je Aktie in seiner Person aus. Ist dies nicht der Fall, so ist der Altaktionär für den Wertverlust zu entschädigen, d. h., für den Verzicht auf Wahrnehmung des Bezugsrechts ist ihm eine Vergütung zu zahlen. Der theoretische Wert des Bezugsrechts kann nach folgender F o r m e l berechnet werden:

$$W = (K \,/\!\!\!\cdot\, B) \times \frac{n}{(a + n)}$$

Dabei bedeuten: W = Wert des Bezugsrechts,
K = Börsenkurs der alten Aktien,
B = Bezugskurs der jungen Aktien,
n = Zahl der Bezugsaktien,
a = Zahl der alten Aktien, die zur Ausübung des Bezugsrechts nötig sind.

Im Beispielsfalle (s. o.) ergäbe sich folgender W e r t d e s B e z u g s r e c h t s :

$$W = (200 \,/\!\!\!\cdot\, 100) \times \frac{1}{4 + 1}$$

$$= 100 \times {}^{1}/_{5}$$

$$= \underline{\underline{20\,\%}}$$

Bei einem Nennbetrag der Altaktie von 1000 DM hat das Bezugsrecht rechnerisch einen Wert von 200 DM. Es müssen also, um den Bezug einer neuen Aktie zu ermöglichen, bezahlt werden:

$$4 \times 200,\text{—} = 800,\text{— DM}$$

Zu welchem Preis das Bezugsrecht tatsächlich gehandelt wird, hängt jedoch von der Finanzlage und den Ertragsaussichten des Unternehmens (Cash flow) sowie der allgemeinen Börsensituation ab, nicht zuletzt auch von dem Vertrauen, das das an Aktien interessierte Publikum dem Unternehmen entgegenbringt.

Das Bezugsrecht kann auf zwei Arten r e a l i s i e r t werden, nämlich durch seine Veräußerung oder durch Bezug einer neuen Aktie. Beim Bezug junger Aktien geht das Bezugsrecht in die Anschaffungskosten der jungen Aktien ein, die sich somit aus dem Bezugspreis und dem Wert der für ihren Erwerb erforderlichen Bezugsrechte zusammensetzen. Dabei kann es wirtschaftlich keinen Unterschied machen, ob die jungen Aktien jemand erwirbt, der zunächst auch das Bezugsrecht erworben hat, oder jemand, dem das Bezugsrecht auf Grund seines Besitzes an alten Aktien zusteht. In beiden Fällen ist, wenn man davon ausgeht, daß das Bezugsrecht ein von der Substanz der alten Aktie abgespaltenes Recht ist, mehr als nur der Zuzahlungsbetrag aufgewendet worden. Zu den Anschaffungskosten des Bezugsanspruchs gehört in diesem Falle der Teil der Anschaffungskosten der alten Aktie, der auf den abgespaltenen, vom Bezugsanspruch verkörperten Substanzwert entfällt. Dieser Anteil kann nur auf dem Schätzungswege gefunden werden. Hierzu verwendet die Praxis im allgemeinen die auch von der Rechtsprechung[1]) anerkannte G e s a m t w e r t - M e t h o d e. Hierbei wird das Verhältnis des Börsenkurses des Bezugsrechts zum Börsenkurs der Altaktie vor der Kapitalerhöhung auf das Verhältnis der Anschaffungskosten (bzw. Buchwerte, wenn die Aktien zum Betriebsvermögen gehören) übertragen. Danach verhält sich der zu ermittelnde Anschaffungspreis (bzw. Buchwertanteil) des Bezugsrechts zu den Anschaffungskosten (bzw. bisherigen Buchwert) der Altaktie wie der Börsenkurs des Bezugsrechts — Durchschnittsbörsenkurs — zum Börsenkurs der Altaktie unmittelbar vor der Kapitalerhöhung.

Beispiel:

Buchwert der Altaktien	2 000,— DM
Börsenkurs des Bezugsrechts	40 %
Börsenkurs der Altaktie vor Kapitalerhöhung	300 %

Buchwertanteil des Bezugsrechts

$$= \text{Buchwert Altaktien} \times \frac{\text{Börsenkurs Bezugsrecht}}{\text{Börsenkurs Altaktie vor Kapitalerhöhung}}$$

$$= 2\,000 \times \frac{40}{300}$$

$$= 2\,000 \times \text{—},133$$

$$= \underline{\underline{266}}$$

(Hiervon hängt u. U. die Höhe eines Veräußerungsgewinns ab.)

[1]) BFH-Urteil vom 6. 12. 1968, BStBl. II, S. 105.

X. Roh- und Reingewinn-Richtsätze

Mit welchen Schwierigkeiten die Vornahme des Betriebsvergleichs verbunden ist, zeigt die Anwendung der Roh- und Reingewinn-Richtsätze in der Besteuerung von Handels- und Handwerksbetrieben.

Die Grundlagen hierfür werden von den Finanzämtern durch zahlreiche „Richtsatzprüfungen“ (§ 1 Abs. 2 der Betriebsprüfungs-Ordnung/Steuer [BpO-St]) bei solchen buchführenden Betrieben erarbeitet, die nach Art und Größe den Betrieben entsprechen, auf die sie angewendet werden sollen. Das sind im allgemeinen Betriebe bis zu 300 000 DM Umsatz und bis zu 25 000 DM Gewinn. Die Abschlußzahlen der zu Richtsatzzwecken herangezogenen Betriebe werden, um den vorgesehenen Vergleichszwecken dienen zu können, an Hand eines besonderen „Betriebsvergleichsbogens“ durch Zu- und Abrechnungen „normalisiert“. Die Ergebnisse der Einzelprüfungen werden — gebietsweise getrennt nach Richtsatzgruppen[1]) — zu Rahmensätzen und einem Mittelsatz ausgewertet. Der Mittelsatz ist das gewogene Mittel aus den Einzelergebnissen aller geprüften „Richtbetriebe“ einer Gewerbeklasse. Die Rahmensätze sollen dazu dienen, in begründeten Fällen der besonderen wirtschaftlichen Lage Rechnung zu tragen, soweit dies nicht durch noch zu erläuternde Zu- und Abrechnungen zu geschehen hat.

Die zur Veröffentlichung freigegebenen Richtsätze sind ein Hilfsmittel (Anhaltspunkte) für die Veranlagungsstellen des Finanzamtes, Umsätze und Gewinne der Steuerpflichtigen zu verproben und bei Fehlen anderer geeigneter Unterlagen zu schätzen[2]). Auf Steuerpflichtige, die nach §§ 160 und 161 AO verpflichtet sind, Bücher zu führen und auf Grund jährlicher Bestandsaufnahmen regelmäßige Abschlüsse zu machen, sind die Richtsätze grundsätzlich nicht anzuwenden, auch dann nicht, wenn diese Verpflichtung nicht erfüllt wurde. Bei freiwillig buchführenden Steuerpflichtigen können die Richtsätze erst dann herangezogen werden, wenn die Buchführung im ganzen verworfen werden mußte. Der Kreis der Steuerpflichtigen, auf die die Richtsätze anzuwenden sind, erscheint danach verhältnismäßig klein. In der Praxis ergibt sich jedoch vielfach die Notwendigkeit, auf die Richtsätze zurückzugreifen, wenn bessere Schätzungsmöglichkeiten nicht zur Verfügung stehen[3]).

---

[1]) Gruppe Nord-West: OFD Hamburg, Bremen, Kiel, Hannover;
Gruppe West: OFD Köln, Düsseldorf, Münster;
Gruppe Süd: OFD Stuttgart, Freiburg, Karlsruhe, München, Nürnberg;
LFA Berlin.

[2]) Sie sind keine rechtsverbindlichen Durchschnittssätze im Sinne des § 29 EStG. Der Steuerpflichtige hat deshalb auf ihre Anwendung keinen Anspruch.

[3]) Vgl. RFH-Urteil vom 25. 8. 1937, RStBl., S. 1109.

Die Richtsätze müssen notwendigerweise von einem Normalbetrieb ausgehen, der unter bestimmten Bedingungen arbeitet. Das hat zur Folge, daß bei der Anwendung der Richtsätze auf Betriebe, die von der normalen Struktur abweichen, Zu- oder Abrechnungen vorgenommen werden müssen. Dies entspricht der für jeden Betriebsvergleich unumgänglichen Aufbereitung (s. S. 12).

1. Bezugsbasis — Normalisierung

Die Anwendung von Kennzahlen für Zwecke des externen Betriebsvergleichs bedarf einer einheitlichen Bezugsbasis. Als solche dient den steuerlichen Roh- und Reingewinn-Richtsätzen der wirtschaftliche Umsatz (= Betriebsleistung) oder der Wareneinsatz bzw. der Einsatz an Fertigungsmaterial und -lohn. Die hierbei erforderliche Normalisierung macht eine bestimmte Abgrenzung und u. U. Zu- und Abrechnungen notwendig.

a) Wirtschaftlicher Umsatz

Bei Handelsbetrieben gelten als wirtschaftlicher Umsatz die Netto-Erlöse — abzüglich Skonti, Rabatte und Forderungsverluste — für Warenlieferungen und sonstige betriebsgewöhnliche Leistungen (z. B. Einnahmen aus der Automatenaufstellung in Gastwirtschaften) sowie der Wert des Eigenverbrauchs[1]).

Bei Handwerksbetrieben und gemischten Betrieben gelten als wirtschaftlicher Umsatz die Netto-Erlöse (s. o.) für den wirtschaftlichen Materialeinsatz (ggf. auch den für Handelswaren), für den wirtschaftlichen (produktiven) Lohneinsatz (ohne Wert des Meisterlohns) und für sonstige betriebsgewöhnliche Leistungen, zuzüglich Wert des Eigenverbrauchs unter Verrechnung der Bestände an halbfertigen und fertigen Erzeugnissen zu Verkaufspreisen. Nicht zu den Erlösen bzw. Verkaufspreisen rechnet bei den der Regelbesteuerung unterliegenden Betrieben die Mehrwertsteuer. Im Netto-Preis enthaltene Verbrauchssteuern (z. B. Biersteuer, Tabaksteuer) sowie die noch von einzelnen Gemeinden erhobene Getränke- und Speiseeissteuer zählen zu den Entgelten im Sinne des Umsatzsteuerrechts. Diese im Nettopreis einkalkulierten und den Kunden berechneten Steuern sind daher in den wirtschaftlichen Umsatz einzubeziehen. Das gleiche gilt für die Bedienungsgelder. Freiwillig, z. B. an Friseurgehilfen, gezahlte Trinkgelder rechnen dagegen nicht dazu. Zum wirtschaftlichen Umsatz gehören auch Tauschgeschäfte und tauschähnliche Umsätze (Gegenlieferungen und Gegenleistungen), nicht dagegen Einnahmen aus Hilfsgeschäften (z. B. Verkauf von Anlagegegenständen) und andere besondere Einnahmen (z. B. aus gutachtlicher oder ehrenamtlicher Tätigkeit, Lotto- und Toto-Annahme).

---

[1]) Wegen der aus vielerlei Gründen unterschiedlichen Höhe des Eigenverbrauchs wäre es zweckdienlicher, diesen gesondert vom Wareneinsatz und Umsatz zu behandeln.

Soweit üblicherweise Rabatte eingeräumt werden, sind sie bei der Aufstellung der Richtsätze berücksichtigt worden. (Die Richtsatztabellen enthalten Vermerke, inwieweit Rabatte, ausgedrückt in Prozenten vom wirtschaftlichen Umsatz, im Richtsatz bereits erfaßt sind). Wurden im Anwendungsfalle der Richtsätze darüber hinausgehende, d. h. außergewöhnliche Rabatte gewährt, so sind diese, um einen vergleichbaren wirtschaftlichen Umsatz zu erhalten, zunächst hinzuzurechnen und dann vom Richtsatz-Reingewinn zu kürzen. Forderungsverluste sind bei den Richtsätzen berücksichtigt, soweit sie sich im gewöhnlichen Rahmen halten, d. h. 2 % des wirtschaftlichen Umsatzes nicht übersteigen. Für darüber hinausgehende Forderungsverluste gelten die zu den außergewöhnlichen Rabatten gemachten Ausführungen sinngemäß. (Die Verwaltungsanweisungen zur Aufstellung von Roh- und Reingewinn-Richtsätzen sehen vor, daß die Einnahmen aus in den Vorjahren ausgebuchten Forderungen von den Gesamteinnahmen abgesetzt werden. Dies ist m. E. nur insoweit begründet, als es sich um Forderungsausbuchungen handelt, die vorher hinzugerechnet worden waren, weil der Rahmen von 2 % überschritten wurde.)

Der wirtschaftliche Umsatz als Bezugsbasis schließt den Wert des Eigenverbrauchs ein. Soweit bei einzelnen Gewerbeklassen Pauschbeträge für den Eigenverbrauch (Sachentnahmen) steuerlich zugelassen sind, werden in der Regel diese zugrunde gelegt. Der Wertansatz des Eigenverbrauchs erfolgt steuerlich nicht zu den vom Einzelhändler kalkulierten Netto-Verkaufspreisen, sondern zu den niedrigeren Einstandskosten bzw. zu Pauschsätzen, die an der unteren Wahrscheinlichkeitsgrenze liegen. Bei Ermittlung der Richtsätze wird ein normaler Eigenverbrauch angesetzt. Als „normal" gilt hier der Eigenverbrauch für einen Haushalt, dem bis zu fünf Personen angehören. Weicht die tatsächliche Zahl der Eigenverbraucher von der den Richtsätzen zugrunde liegenden ab, so ergeben sich Unterschiede zwischen tatsächlichen Gewinnen und Richtsatzgewinnen. Ist in einem Schätzungsfall unter Zugrundelegung der Richtsätze beispielsweise nur e i n „Eigenverbraucher" gegeben, so wird der tatsächliche Gewinn mutmaßlich höher sein, da hinsichtlich der weiteren, im Richtsatz berücksichtigten Personen an Stelle des Eigenverbrauchs zu Einstandskosten der Verkauf mit Gewinnzuschlag tritt. Umgekehrt wird der effektive Gewinn bei einer höheren Eigenverbraucherzahl, als im Richtsatz eingearbeitet, absinken, da an Stelle des Verkaufs mit Gewinnzuschlag der Eigenverbrauch insoweit ertragsteuerlich lediglich zu Einstandskosten angesetzt zu werden braucht.

Mit Schwierigkeiten ist die Richtsatzschätzung bei H a n d w e r k s b e t r i e b e n wegen der dort anzutreffenden Unterschiedlichkeit in der Höhe der Bestände an Halb- und Fertigerzeugnissen verbunden. Zum Teil mangelt es auch an einer exakten Errechnung der Herstellungskosten. Im Interesse einer einheitlichen Ausgangsbasis werden deshalb bei der Ermittlung der Richtsätze dem Einsatz an Fertigungsmaterial und -lohn die entsprechenden Leistungen zu Netto-Verkaufswerten gegenübergestellt. Das hat zur Folge, daß vor Anwendung der Richtsätze bei Handwerks- bzw. Herstellungsbetrieben dem wirtschaftlichen Umsatz die Bestände an halbfertigen und fertigen Erzeugnissen am Ende des Wirtschaftsjahres zu Netto-Verkaufspreisen hinzugerechnet, die entsprechenden Bestände vom Anfang des Wirtschaftsjahres dagegen abgesetzt werden müssen. Die Netto-Verkaufspreise sind in der Regel wie folgt zu ermitteln:

	Herstellungskosten nach § 6 EStG	. . . . . DM
+	anteiliger Unternehmerlohn, wenn der Unternehmer in der Fertigung mitgearbeitet hat (der Zuschlag ist nach dem Ausmaß der Mitarbeit zu bemessen)	. . . . . DM
+	Zuschlag für die in den Herstellungskosten nicht erfaßten sonstigen Kosten (z. B. allgemeine Verwaltungs- und Vertriebskosten), für Risiko und Gewinn (bei Schätzung des Zuschlags ist der Fertigungsgrad zu berücksichtigen)	. . . . . DM
=	Netto-Verkaufspreise bzw. anteilige Netto-Verkaufspreise der Bestände	. . . . . DM

Die Bestände an Erzeugnissen werden also wie Forderungen angesehen.

Auch aus dieser Verfahrens-Handhabung können sich bei Anwendung der Richtsätze Unterschiede zwischen effektivem Gewinn und Richtsatzgewinn ergeben. Bei einer Zunahme der Bestände an Erzeugnissen wird der effektive Gewinn niedriger als der Richtsatzgewinn sein, da bei der Bewertung von den Herstellungskosten und nicht von den Verkaufspreisen auszugehen ist. Bei einer Bestandsabnahme ergibt sich die umgekehrte Wirkung.

Zusammenfassend ist die Bezugsbasis „wirtschaftlicher Umsatz" wie folgt zu berechnen:

Vereinbarte Entgelte (Rechnungsausgang einschließlich Barverkauf und Eigenverbrauch, jedoch ohne Mehrwertsteuer und Einnahmen aus in den Vorjahren ausgebuchten Forderungen)

\+ Tauschgeschäfte, Gegenlieferungen

./. Skonti, Rabatte (soweit nicht außergewöhnlich — s. o.)

./. Entgelte aus Hilfsgeschäften (z. B. Verkauf von Anlagegütern) und aus besonderer Tätigkeit (z. B. als Gutachter)

./. Ausbuchung von für uneinbringlich gehaltenen Kundenforderungen, soweit sie 2 % des Umsatzes nicht übersteigen.
Bei Handwerksbetrieben außerdem:

\+ Bestände an halbfertigen und fertigen Erzeugnissen am Ende des Wirtschaftsjahres zu Netto-Verkaufspreisen (unter Berücksichtigung des Fertigungsgrades)

./. Bestände an halbfertigen und fertigen Erzeugnissen am Anfang des Wirtschaftsjahres zu Netto-Verkaufspreisen (unter Berücksichtigung des Fertigungsgrades).

Eine zutreffende Verprobung bzw. Schätzung des Reingewinns mit Hilfe der Richtsätze auf der Basis des wirtschaftlichen Umsatzes setzt voraus, daß dieser in seiner tatsächlichen Höhe ausgewiesen ist. Um dies zu überprüfen, dient im allgemeinen folgende kalkulationsmäßige Berechnung:

bei Handelsbetrieben:	Wareneinsatz + Rohgewinnaufschlag = wirtschaftlicher Umsatz
bei Handwerksbetrieben:	Waren- bzw. Materialeinsatz + produktiver Lohneinsatz + Rohgewinnaufschlag = wirtschaftlicher Umsatz

U. U. ist der buchmäßige ausgewiesene wirtschaftliche Umsatz durch Zuschläge zu erhöhen, z. B. weil an Hand von Kontroll-Mitteilungen nicht verbuchte Einnahmen festgestellt wurden.

b) Einsatz an Waren, Material und Fertigungslöhnen

Bestehen gegen die Umsatzzahl als Bezugsbasis Bedenken oder liegt sie buchmäßig nicht vor, so kann nach Umwandlung der Rohgewinnsätze in Aufschlagsätze — ein Rohgewinn von beispielsweise 25 % des Umsatzes entspricht einem Aufschlag von 33 1/3 %, bezogen auf den Wareneinsatz, siehe Tabelle auf S. 117 — zur Schätzung des mutmaßlichen Umsatzes von den Einsatzzahlen ausgegangen werden.

In der Praxis wird dieser Weg bevorzugt, da im allgemeinen den Aufzeichnungen des Wareneingangs und der Löhne erfahrungsgemäß eine größere Zuverlässigkeit beizumessen ist. Auch hier bedingt die Anwendung der Richtsätze, daß die Basis nach übereinstimmenden Grundsätzen ermittelt wird. Hierzu einige Bemerkungen:

Zum Waren- und Materialeinsatz

gehören grundsätzlich — Ausnahmen s. u. — die Aufwendungen für alle zur Erzielung des wirtschaftlichen Umsatzes erforderlichen Waren (einschließlich Rohstoffen, zugekauften Halb- und Fertigwaren, Hilfsstoffen und Zutaten), die nach der Verordnung über die Führung eines Wareneingangsbuchs in das Wareneingangsbuch (WEB) einzutragen sind.

Die dem wirtschaftlichen Umsatz entsprechende Wareneinsatzzahl umfaßt im Rahmen der Richtsätze auch den Eigenverbrauch.

Der Wareneingang i. S. der Richtsätze bemißt sich nach den steuerlichen Anschaffungskosten, d. h. Einkaufsskonti, Rabatte einschließlich Umsatzprämien und Treuerabatte, Preisnachlässe (auch nachträgliche wie Warenrückvergütungen) u. dgl. mindern den Wareneingangsbetrag. Andererseits erhöhen die bis zur Einlagerung der Waren anfallenden Nebenkosten (z. B. Frachten, Porti, Versicherungsgebühren, Kosten der Warenumschließung) den Wareneingang. Bei den der Regelbesteuerung unterliegenden Betrieben zählt die Vorsteuer nicht zu den Wareneinsatzkosten. Zum Wareneinsatz gehören auch die Werklieferungen und die — nicht in das WEB einzutragenden — Werkleistungen Dritter. Dagegen zählen nicht zum Wareneinsatz: Energie und Brennstoffe für Herstellungszwecke (z. B. bei Bäckereien), Schlachtgebühren, Getränke- und Speiseeissteuer. Geht die Wareneinsatzzahl von den Ausgaben für den Wareneingang aus, so sind die Bestandsveränderungen bei Lieferantenverbindlichkeiten und Warenakzepten sowie hinsichtlich der Forderungen aus Anzahlungen an Lieferanten zu berücksichtigen. Tauschgeschäfte sowie tauschähnliche Umsätze sind in die Ausgaben einzubeziehen. Die Warenanfangs- und -endbestände sind mit den steuerlichen Anschaffungskosten bzw., wenn der Teilwert[1]) niedriger ist, mit diesem anzusetzen. Für den wirtschaftlichen Materialeinsatz bei Fertigungsbetrieben gelten die vorstehenden Ausführungen sinngemäß. Zu den Materialbeständen am Anfang und Ende des Wirtschaftsjahres gehören nicht die Halbfertig- und Fertigerzeugnisse, da sie im Rahmen des wirtschaftlichen Umsatzes erfaßt werden.

Unter Fertigungslohn

ist der Lohn zu verstehen, der in Handwerksbetrieben und in gemischten Betrieben (Handwerk mit Handel) produktiv auf den Fertigungsbereich entfällt. Der Einsatz an sonstigen Löhnen und Gehältern für Verwaltung und Vertrieb ist bei den allgemeinen sachlichen Betriebsausgaben auszuweisen. Bei der Richtsatzermittlung werden einige Gewerbe, die gewöhnlich in der Form gemischter Betriebe ausgeübt werden, aus Zweckmäßigkeitsgründen den Handelsbetrieben zugerechnet; z. B. Bäcker, Fleischer, Schuhmacher, Uhrmacher, Wäschereien. Der Lohneinsatz dieser Betriebe ist demzufolge unter den allgemeinen sachlichen Betriebsausgaben auszuweisen, gehört also nicht in die Bezugsbasis der Rohgewinn-Aufschlagsätze.

Die Mitarbeit des Unternehmers und seiner Angehörigen

Bei der Aufstellung der Richtsätze wurde davon ausgegangen, daß der Unternehmer (bzw. ein Mitunternehmer bei einer Personengesellschaft) in normalem Umfange im Betrieb mitarbeitet. Seine Tätigkeit wird im Gewinn abgegolten. Die volle Mitarbeit kann mit 2000—2100 Stunden im Jahr angenommen werden. Das Ausmaß der produktiven, d. h. unmittelbar der Fertigung dienenden Mitarbeit ist bei Handwerksbetrieben von wesentlicher Bedeutung für die Höhe ihres Gewinns. Arbeitet der Unternehmer (oder ein nicht entlohnter Verwandter) mehr als normal in der Fertigung mit, ist dies durch einen Zuschlag beim Fertigungslohneinsatz (= ersparter Lohn) zu berücksichtigen. Dadurch erhöhen sich entsprechend Roh- und Reingewinn. Arbeitet dagegen der Unternehmer in der Fertigung nicht (z. B. bei einem Witwen-

[1]) Teilwert, steuerlicher Begriff nach § 6 EStG, ist der Betrag, den der Erwerber eines gesamten Betriebes im Rahmen des Gesamtkaufpreises für das einzelne Wirtschaftsgut einsetzen würde. Dabei ist davon auszugehen, daß der Erwerber den Betrieb weiterführt.

betrieb) oder weniger als normal (z. B. wegen Erkrankung) mit, so ist der Fertigungslohneinsatz durch einen entsprechenden Abschlag zu kürzen mit der Auswirkung, daß sich unter Anwendung der Richtsätze ein niedrigerer Roh- bzw. Reingewinn ergibt.

Bei Handwerksbetrieben — in der Regel auch bei gemischten Betrieben — wird die normale „produktive" Mitarbeit eines Unternehmers in der Fertigung im allgemeinen mit folgenden Prozentsätzen angenommen:

	Prozent einer vollen Arbeitskraft
Alleinmeister	90—100
Meister mit 1—2 Gesellen	75
Meister mit 3—4 Gesellen	50
Meister mit 5—6 Gesellen	20
Meister mit mehr als 6 Gesellen	0

Beispiel:

Die tatsächliche Unternehmer-Mitarbeit in der Fertigung eines Handwerksbetriebs von vier Gesellen wurde mit 75 % der Arbeitsleistung eines Gesellen festgestellt. Normal wäre eine produktive Mitarbeit von 50 %. Es werden deshalb für die 500—525 zusätzlichen Arbeitsstunden des Unternehmers (= 25 % von 2000—2100 Arbeitsstunden) der dadurch ersparte Lohn dem Lohneinsatz vor Anwendung des Aufschlags-Richtsatzes hinzugerechnet. (Als Stundenlohn wird der durchschnittliche örtliche Gesellenspitzenlohn angesetzt.)

Sind in einem Handwerksbetrieb Gesellen nicht während des ganzen Jahres beschäftigt, ist die Gesellenzahl wie folgt zu berechnen:

1 Geselle	12 Mon. im Jahr
1 Geselle	9 Mon. im Jahr
1 Geselle	3 Mon. im Jahr
zusammen	24 Mon.
=	2 Gesellen im Jahr

Meister, die nur Lehrlinge beschäftigen, deren Arbeitskraft die Hälfte einer vollwertigen Arbeitskraft nicht übersteigt, sowie Meister, bei denen sich nach vorstehender Berechnung ein Bruchteil von nicht mehr als 0,5 ergibt, gelten als Alleinmeister.

Die Ehefrau arbeitet normalerweise in der Fertigung nicht mit. Liegt in Ausnahmefällen eine unentgeltliche Mitarbeit in der Fertigung vor, so wird der Einsatz an Fertigungslöhnen bei Ermittlung der Bezugsbasis um den dadurch ersparten Lohn erhöht. Als „angemessener Lohn" ist im allgemeinen der Lohn für eine gleichartige fremde Arbeitskraft anzusetzen. Sinngemäß gilt dies für sonstige Familienangehörige ebenfalls. Erhalten sie keine Entlohnung oder entspricht diese nicht ihren tatsächlichen Arbeitsleistungen, so ist der Einsatz an Fertigungslöhnen um die ersparten Löhne zu erhöhen bzw. um überhöhte Löhne zu kürzen.

Beispiel:

Ein Schneider beschäftigt in der Werkstatt zwei Töchter. Sie leisten zusammen nur das, was normalerweise eine fremde Arbeitskraft leisten würde.

Die Töchter erhalten insgesamt	2 000,— DM
Der Tariflohn einer Gehilfin beträgt	4 800,— DM
Ersparter Lohn	2 800,— DM

Dieser wäre zur „Normalisierung“ des Fertigungslohneinsatzes hinzuzurechnen.

Fremde Arbeitskräfte

Beim Lohneinsatz wird von den Bruttolöhnen einschließlich aller Sachbezüge (freie Station, freie Wohnung, Deputate, Urlaubsgeld, Feiertagsvergütung usw.), jedoch ohne Arbeitgeberanteil zu den Sozialversicherungsbeträgen, die unter den sonstigen Betriebsausgaben enthalten sind, ausgegangen.

Werden übertarifliche Löhne gezahlt, so ist die Bezugsbasis „Fertigungslohn“ zum Zwecke der Normalisierung insoweit zu kürzen.

Bei Beschäftigung von Lehrlingen ist der Unterschied zwischen der gezahlten Vergütung und dem sich für die tatsächliche Mitarbeit ergebenden Lohnwert dem Lohneinsatz hinzuzurechnen. Dabei sind anzusetzen:

Lehrlinge im 1. und 2. Lehrjahr mit 1/4 einer vollwertigen Arbeitskraft,

Lehrlinge im 3. und 4. Lehrjahr mit 1/2 einer vollwertigen Arbeitskraft.

Beispiel:

Es wird ein Lehrling im 3. Lehrjahr beschäftigt.

Er erhält einen Bruttolohn von	1 800,— DM
für eine vollwertige Arbeitskraft wären zu zahlen	4 800,— DM
Ansatz mit 1/2 einer vollwertigen Arbeitskraft	2 400,— DM
Lohnersparnis dem Fertigungslohn-Einsatz zwecks Normalisierung hinzuzurechnen	600,— DM

Zusammenfassend ist die Einsatzzahl an Waren, Material und Fertigungslöhnen als Ausgangsbasis für die Rohgewinn-Aufschlagsätze wie folgt zu berechnen:

Rechnungseingang für Waren + Material, Werklieferungen und Werkleistungen fremder Unternehmer	....
+ Anschaffungsnebenkosten bis zur Einlagerung	....
+ Tauschgeschäfte und tauschähnliche Umsätze (Gegenlieferungen und Gegenleistungen)	....
./. Skonti, Rabatte, Preisnachlässe	....
= Eingang von Waren und Material	....
+ Material- und Warenbestand am Anfang (ohne Halbfertig- und Fertigerzeugnisse eigener Herstellung)	....
Zwischensumme	....

	Übertrag	....
⁒	Material- und Warenbestand am Ende (ohne Halbfertig- und Fertigerzeugnisse eigener Herstellung)	....
⁒	Unentgeltliche Material- und Warenabgaben aus betrieblichen Gründen, Material- und Warenverbrauch für eigenbetriebliche Zwecke; jeweils zu den Anschaffungskosten (ggf. zum Teilwert)	....
=	Material- und Wareneinsatz	....
+	Fertigungslöhne (Bruttolöhne für Fertigung ohne Unternehmerlohnwert für normale Mitarbeit des Unternehmers in der Fertigung)	....
+	ersparte Fertigungslöhne	....
		....
⁒	überhöhte Fertigungslöhne	....
	Einsatz an Material, Waren und Fertigungslöhnen (normalisiert)	....
=	Ausgangsbasis für die Anwendung der Rohgewinn-Aufschlagsätze	

Ist die Bezugsbasis — wirtschaftlicher Umsatz oder Einsatz an Waren, Material und Fertigungslöhnen — unzutreffend, so muß die Anwendung der Roh- und Reingewinn-Richtsätze zwangsläufig ebenfalls zu falschen Ergebnissen führen.

2. Die Anwendung der Richtsätze — Entnormalisierung

a) Welcher Satz ist innerhalb des gegebenen Rahmens zu wählen?

Die Richtsätze dürfen nicht schematisch angewendet werden. Das Ziel jeder Verprobung bzw. Schätzung von Besteuerungsgrundlagen ist es, der Wirklichkeit möglichst nahe zu kommen[1]). Wenn die Umstände des Anwendungsfalles denen der Richtbetriebe entsprechen, wird im allgemeinen vom Mittelsatz auszugehen sein. Die Rahmensätze sind dazu bestimmt, den strukturell verschiedenen Verhältnissen der Betriebe einer Gewerbeklasse Rechnung zu tragen. Außerdem können innerhalb dieses Rahmens besondere wirtschaftliche Momente, wie z. B.

die Lage des Betriebs (Verkehrs- und Konkurrenzlage),

Kaufkraft und Zahlungsfähigkeit des Kundenkreises,

persönliche Eignung des Inhabers (Geschäftstüchtigkeit, persönliche Beziehungen),

betriebliche Umstände (günstiger oder ungünstiger Einkauf, personelle Unter- oder Überbesetzung),

[1]) Vgl. RFH, RStBl. 1939, S. 906.

berücksichtigt werden. Nach allgemeiner Erfahrung pflegt der Reingewinnsatz bei steigendem Umsatz abzunehmen, da entsprechend mehr bezahlte Arbeitskräfte beschäftigt werden müssen. Bei Handwerksbetrieben mit Handel sind bei Überwiegen des Umsatzes aus dem Handwerk die Richtsätze in der Regel aus der oberen Rahmenhälfte und bei Überwiegen des Handelsumsatzes aus der unteren Rahmenhälfte zu entnehmen. Bei Handwerksbetrieben sind die veröffentlichten Rahmensätze bereits nach der Zahl der beschäftigten Gesellen differenziert, z. B. drei bis fünf Gesellen. In der Regel sind hier die Richtsätze bei der geringeren Gesellenzahl der oberen, bei der höheren Gesellenzahl der unteren Rahmenhälfte zu entnehmen. Mit steigendem Anteil an sozialkalkulierten Waren bei den Lebensmittelhändlern und an Zigaretten bei Tabakwarenhändlern sinken die Roh- und Reingewinnsätze. Mit Zunahme der Einnahmen aus Beherbergung bei den Gastwirtschaften mit Fremdenbeherbergung steigt der Roh- und Reingewinnsatz. Die sich aus der Behandlung des Eigenverbrauchs möglicherweise ergebenden Unterschiede (s. S. 107) können durch den Richtsatzrahmen einen Ausgleich erfahren, d. h. bei geringer Eigenverbraucherzahl wird der Roh- bzw. Reingewinnsatz nach oben, bei großer Eigenverbraucherzahl nach unten tendierend anzusetzen sein.

Eine Auswahl an Rohgewinn-Richtsätzen ist auf S. 115 zusammengestellt, eine Tabelle zur Umrechnung von Rohgewinn- in Rohgewinnaufschlagsätze (bzw. umgekehrt) enthalten die Seiten 116 und 117. Hiernach wären beispielsweise, bezogen auf einen normalisierten wirtschaftlichen Umsatz bei einer Bäckerei, mit Umsätzen bis zu 80 000 DM,

	die *Rahmensätze*
für den Rohgewinn	50—58 %

b) Die Entnormalisierung

Die Anwendung der Richtsätze erforderte zunächst die bereits erläuterte Schaffung einer vergleichbaren Berechnungsbasis. Den Besonderheiten des Einzelfalles ist jedoch durch Zu- und Absetzungen beim Richtsatz — Roh- bzw. Reingewinn (= Entnormalisierung) — Rechnung zu tragen.

Ersparte bzw. überhöhte Löhne

Soweit zur Errechnung des Richtsatz-Rohgewinns ersparte Fertigungslöhne der Einsatzzahl hinzu- und überhöhte Fertigungslöhne von dieser abgesetzt wurden, sind diese Rechenposten durch entsprechende Erhöhung bzw. Verminderung des „normalisierten“ Rohgewinns wieder rückgängig zu machen. Diese „Entnormalisierung“ wirkt sich damit gleicherweise beim Reingewinn aus. Auch bei den unter „allgemeinen sachlichen Betriebsausgaben“ auszuweisenden Löhnen und Gehältern für Vertrieb usw. kann es ersparte oder überhöhte Löhne geben.

Rohgewinnsätze[1])

Gewerbeklasse	Bemerkungen	Rohgewinn in Prozent d. wirtsch. Umsatzes ohne MwSt
Bäckerei und Konditorei (ohne Ausschank)	A Umsätze bis 80 000 DM	50—58
	B Umsätze über 80 000 DM	53—61
Blumen und Pflanzen, Einzelhandel	(ohne Gärtnerei)	40—50
Brennstoffe, Einzelhandel	(auch mit Großhandel)	34—39
Dachdeckerei	A Umsätze bis 120 000 DM	53—65
	B Umsätze bis 270 000 DM	43—51
Drogerien		30—35
Fleischerei		26—35
Friseurgewerbe (auch mit Einzelhandel)	A Damen- und Herrenfriseurgewerbe	51—62
	B Damenfriseurgewerbe	57—69
Gast- und Speisewirtschaften	A Betriebe mit kalter Küche	49—62
	B Betriebe mit warmer Küche	51—62
Kürschnerei mit Einzelhandel		37—47
Leder- und Täschnerwaren, Einzelhandel	(auch mit Reparaturen)	34—38
Möbel und sonstige Einrichtungsgegenstände, Einzelhandel		29—37
Obst, Gemüse, Südfrüchte und Kartoffeln, Einzelhandel		21—18
Schlosserei (Bauschlosserei)	A Umsätze bis 125 000 DM	49—67
	B Umsätze bis 200 000 DM	44—58
Tischlerei (Bau- und Möbeltischlerei)	A Umsätze bis 85 000 DM	49—58
	B Umsätze bis 155 000 DM	42—52
	C Umsätze bis 250 000 DM	39—44

[1]) Ermittelt für den Bereich der OFD Berlin für 1967 und 1968. Für 1968 wurden wegen des Übergangs zur Mehrwertsteuer nur Rohgewinn-Richtsätze ermittelt. Die Reingewinne dieses Jahres müssen unter Absetzung der effektiven oder geschätzten Aufwendungen errechnet werden.

Tabelle A

Umrechnung der Hundertsätze des Rohgewinnaufschlags auf den Rohgewinn

Es entspricht		Es entspricht		Es entspricht	
ein Aufschlag auf den Wareneinsatz von .... %	einem Rohgewinn v. Umsatz von .... %	ein Aufschlag auf den Wareneinsatz von .... %	einem Rohgewinn v. Umsatz von .... %	ein Aufschlag auf den Wareneinsatz von .... %	einem Rohgewinn v. Umsatz von .... %
1	0,99	43	30,1	85	45,9
2	1,96	44	30,6	86	46,2
3	2,9	45	31,0	87	46,5
4	3,8	46	31,5	88	46,8
5	4,8	47	32,0	89	47,1
6	5,7	48	32,4	90	47,4
7	6,5	49	32,9	91	47,6
8	7,4	50	33,3	92	47,9
9	8,3	51	33,8	93	48,2
10	9,1	52	34,2	94	48,5
11	9,9	53	34,6	95	48,7
12	10,7	54	35,1	96	49,0
13	11,5	55	35,5	97	49,2
14	12,3	56	35,9	98	49,5
15	13,0	57	36,3	99	49,7
16	13,8	58	36,7	100	50,0
17	14,5	59	37,1	110	52,4
18	15,2	60	37,5	120	54,5
19	16,0	61	37,9	130	56,5
20	16,7	62	38,3	140	58,3
21	17,4	63	38,7	150	60,0
22	18,0	64	39,0	160	61,5
23	18,7	65	39,4	170	63,0
24	19,4	66,7	40,0	180	64,3
25	20,0	67	40,1	190	65,5
26	20,6	68	40,5	200	66,7
27	21,3	69	40,8	250	71,4
28	21,9	70	41,2	300	75,0
29	22,5	71	41,5	350	77,8
30	23,1	72	41,9	400	80,0
31	23,7	73	42,2	450	81,8
32	24,2	74	42,5	500	83,3
33,3	25,0	75	42,9	550	84,6
34	25,4	76	43,2	600	85,7
35	25,9	77	43,5	650	86,7
36	26,5	78	43,8	700	87,5
37	27,0	79	44,1	750	88,2
38	27,5	80	44,4	800	88,9
39	28,1	81	44,7	850	89,5
40	28,6	82	45,0	900	90,0
41	29,1	83	45,4	950	90,5
42	29,6	84	45,7	1000	90,9

Tabelle B

Umrechnung der Hundertsätze des Rohgewinns auf den Rohgewinnaufschlag

Es entspricht		Es entspricht		Es entspricht	
ein Rohgewinn v. Umsatz von .... %	einem Aufschlag auf den Wareneinsatz von .... %	ein Rohgewinn v. Umsatz von .... %	einem Aufschlag auf den Wareneinsatz von .... %	ein Rohgewinn v. Umsatz von .... %	einem Aufschlag auf den Wareneinsatz von .... %
1	1,01	32	47,0	62	163,1
2	2,04	33	49,2	63	170,3
3	3,1	34	51,5	64	177,8
4	4,2	35	53,8	65	185,7
5	5,3	36	56,2	66	194,1
6	6,4	37	58,7	67	203,0
7	7,5	38	61,3	68	212,5
8	8,7	39	63,9	69	222,6
9	9,9	40	66,7	70	233,3
10	11,1	41	69,5	71	244,8
11	12,3	42	72,4	72	257,1
12	13,6	43	75,4	73	270,4
13	14,9	44	78,6	74	284,6
14	16,3	45	81,8	75	300,0
15	17,6	46	85,2	76	316,7
16	19,0	47	88,7	77	334,8
17	20,5	48	92,3	78	354,5
18	21,9	49	96,1	79	376,2
19	23,4	50	100,0	80	400,0
20	25,0	51	104,1	81	426,3
21	26,6	52	108,3	82	455,5
22	28,2	53	112,8	83	488,2
23	29,9	54	117,4	84	525,0
24	31,6	55	122,2	85	566,7
25	33,3	56	127,3	86	614,3
26	35,1	57	132,6	87	669,2
27	37,0	58	138,1	88	733,3
28	38,9	59	143,9	89	809,1
29	40,8	60	150,0	90	900,0
30	42,8	61	156,4		
31	44,9				

Beispiele:

In einer Bäckerei ist neben der Ehefrau die Tochter unentgeltlich als Verkäuferin tätig. (Zurechnung)

Umgekehrt: Für die üblicherweise[1]) unentgeltlich mitarbeitende Ehefrau muß — etwa wegen Erkrankung — eine fremde, voll zu bezahlende Arbeitskraft beschäftigt werden. (Kürzung)

Zurechnungen zum Richtsatzreingewinn wegen ersparter Löhne sind erforderlich, wenn

der Unternehmer mehr als normal im Betrieb mitarbeitet,

die Ehefrau in einem Nicht-E-Betrieb[1]) unentgeltlich mitarbeitet,

bei einer Personengesellschaft nicht nur die Ehefrau eines Gesellschafters ohne Entlohnung mitarbeitet,

mitarbeitende Familienangehörige keine oder eine unter ihren Arbeitsleistungen liegende Entlohnung erhalten,

bei Beschäftigung von Lehrlingen für die von ihnen geleistete Arbeit nur eine geringere Vergütung bezahlt zu werden braucht, gegenüber dem tariflichen Lohn einer vollwertigen Arbeitskraft.

Eine Kürzung des Richtsatzreingewinns wegen überhöhter Löhne ist geboten, wenn

der Unternehmer überhaupt nicht (Witwenbetrieb) oder weniger als normalerweise üblich mitarbeitet,

die Ehefrau in einem E-Betrieb nicht mitarbeitet,

übertarifliche Löhne bezahlt werden.

<u>Ersparte oder überhöhte Miete</u>

Die Reingewinn-Richtsätze gehen davon aus, daß der Betrieb in gemieteten Räumen ausgeübt wird. Befindet sich jedoch der Betrieb im eigenen Grundstück, so ist die u. U. ersparte Miete (= Rohmietwert der benutzten Gewerberäume abzüglich der anteiligen Aufwendungen für diese Räume einschl. AfA)[2]) dem Richtsatz-Reingewinn hinzuzurechnen. Das gleiche gilt, wenn die Miete, etwa aus verwandtschaftlichen Gründen, außergewöhnlich niedrig ist. Umgekehrt müßte eine Kürzung des Reingewinn-Richtsatzes erfolgen, wenn die Miete, beispielsweise in einem Neubau, außergewöhnlich hoch ist.

<u>Ersparte oder überhöhte Kosten an betrieblichen Anlagegegenständen</u>

Die Richtsätze beruhen darauf, daß das Unternehmen mit einer den betrieblichen Erfordernissen entsprechenden Betriebs- und Geschäftseinrichtung

---

[1]) Die Richtsätze berücksichtigen bei einer Reihe von Gewerbeklassen (z. B. Fleischereien, Gastwirtschaften, Friseurbetrieben), daß außer dem Unternehmer auch der Ehegatte (bei Personengesellschaften einer der Ehegatten) in normalem Umfange im Betriebe unentgeltlich mitarbeitet (= E-Betriebe).

[2]) AfA = Absetzung für Abnutzung.

arbeitet, die dem Betriebsinhaber als Eigentum gehört. Bei gepachtetem Betriebsinventar ist die darauf entfallende Pacht vom Richtsatz-Reingewinn insoweit zu kürzen, als sie die üblicherweise für eigenes Betriebsinventar anfallenden Aufwendungen, besonders die AfA und die Reparaturkosten, übersteigt. Diese Beträge sind gegebenenfalls in Anlehnung an ähnliche Betriebe zu schätzen. Ist der Pachtzins für derartiges Betriebsinventar niedriger, wäre umgekehrt eine entsprechende Hinzurechnung zum Reingewinn vorzunehmen.

Dauerschuldzinsen

Beim „normalisierten" Richtbetrieb wird ferner unterstellt, daß der Unternehmer nur mit eigenem Kapital und kurzfristig verfügbarem Fremdkapital (Lieferantenkredit) arbeitet. Zinsen für Dauerschulden haben deshalb bei der Aufstellung der Richtsätze den Gewinn nicht gemindert. Liegen im Anwendungsfall derartige Dauerschuldzinsen vor, so ist eine entsprechende Kürzung des Richtsatz-Reingewinns vorzunehmen.

Absetzung für Abnutzung und Sonderabschreibungen beim Anlagevermögen

Bei der Aufstellung der Richtsätze werden die Absetzungen für Abnutzung (AfA) durchgängig nach der linearen Methode berechnet. Das gilt ebenfalls für geringwertige Wirtschaftsgüter. Aus Gründen der Vergleichbarkeit werden bei den Richtbetrieben, auch für bereits abgeschriebene Wirtschaftsgüter, lineare AfA-Beträge berücksichtigt. Andererseits sind Sonderabschreibungen beim Anlagevermögen, z. B. individuell bedingte Absetzungen wegen besonderer technischer oder wirtschaftlicher Abnutzung, bei der Aufstellung der Richtsätze außer Ansatz gelassen worden. Im Anwendungsfall ergibt sich hieraus eine Kürzung des Richtsatz-Reingewinns um das Mehr an AfA, wenn z. B. zulässigerweise die degressive Methode[1]) statt des linearen Verfahrens angewandt wird oder berechtigterweise eine Teilwert- oder Sonderabschreibung geltend gemacht werden kann. Umgekehrt ist eine Zurechnung erforderlich, wenn beispielsweise wegen bereits erfolgter Vollabschreibung des Betriebsinventars keine AfA mehr beansprucht werden kann.

Außergewöhnliche Aufwendungen und Erträge

sind bei der Ermittlung der Richtsätze weggelassen worden. Deshalb sind dem Richtsatz-Reingewinn Einnahmen aus Hilfsgeschäften, z. B. aus Verkauf von Anlagegegenständen, und sonstige Einnahmen, z. B. aus Gutachtertätigkeit, hinzuzurechnen, allerdings vermindert um etwaige damit im Zusammenhang stehende Ausgaben. Außergewöhnliche Aufwendungen, z. B. ein über das normale Maß hinausgehender Erhaltungsaufwand, Umzugskosten, sind im konkreten Anwendungsfall vom Richtsatz-Reingewinn zu kürzen.

---

[1]) Abschreibung mit fallenden Jahresbeträgen, am häufigsten als Abschreibung vom Restbuchwert bei gleichbleibenden Abschreibungssätzen.

Gewerbesteuer

Die Reingewinn-Richtsätze berücksichtigen unter Zugrundelegung des Richtsatzgewinns und eines durchschnittlichen Hebesatzes nur die Gewerbesteuer, die auf das laufende Wirtschaftsjahr entfällt. Nachzahlungen oder Erstattungen sind demzufolge vom Richtsatz-Reingewinn abzusetzen oder ihm hinzuzurechnen. Die Unterschiedlichkeit der Hebesätze der einzelnen Gemeinden bleibt unbeachtet; also eine weitere Ungenauigkeit.

Außergewöhnliche Forderungsverluste

werden angenommen, soweit sie mehr als 2 % des wirtschaftlichen Umsatzes ausmachen (s. S. 107). Diese sind im Anwendungsfall vom Richtsatz-Reingewinn zu kürzen, nachträgliche Eingänge auf derartige außergewöhnliche Forderungsverluste sind folgerichtig dem Richtsatz-Reingewinn hinzuzurechnen.

Die Vielfalt der bei der Anwendung der Richtsätze, die auf einem externen Betriebsvergleich beruhen, zu beachtenden Momente soll nachstehendes

Beispiel

zusammenfassend zeigen:

Bei einem Handwerksbetrieb, gemischt mit Handel, muß der Reingewinn für das Wirtschaftsjahr ..01 geschätzt werden. Da gegen die Richtigkeit der ausgewiesenen Umsatzzahlen Bedenken bestehen, geht die Schätzung von der Einsatzzahl für Fertigungslohn und -material sowie Handelswaren (= Anfangsbestand + Zugang ⁒ Endbestand)

		DM
aus.	=	153 000,—
Korrektur:		
Eine bezahlte Warenrechnung in Höhe von 3 000 DM ist zwar im Wareneingangsbuch, nicht aber im Kassenbuch ausgewiesen:		+ 3 000,—
	=	156 000,—
Normalisierung:		
Wegen Erkrankung konnte der Betriebsinhaber nicht wie üblich mitarbeiten; Kürzung des überhöhten Lohneinsatzes	=	⁒ 6 000,—
berichtigte und normalisierte Einsatzzahl:	=	150 000,—
+ *Rohgewinnaufschlag:*		
Nach den Verhältnissen des Beispielfalles kann der Mittelsatz = 50 % zur Anwendung kommen:	=	75 000,—
= *wirtschaftlicher Umsatz lt. Schätzung:*	=	225 000,—
Die Bestände an halbfertigen und fertigen Erzeugnissen am Ende des Wirtschaftsjahres ..01 haben sich wertmäßig gegenüber dem Anfangsbestand nicht verändert; deshalb keine Korrektur:		—
Reingewinn: Mittelsatz = 10 %		
= normaler Reingewinn:	=	22 500,—

		DM
Entnormalisierung des Richtsatz-Reingewinns	=	22 500,—
Kürzung um überhöhte Fertigungslöhne, da der Betriebsinhaber nicht wie üblich mitarbeitet (s. o.)	./.	6 000,—
Hinzurechnung ersparter Vertriebskosten (Gehälter), da die Tochter des Betriebsinhabers neben der Ehefrau unentgeltlich als Verkäuferin mitarbeitete:	+	5 000,—
Kürzung wegen Dauerschuldzinsen:	./.	500,—
Hinzurechnung eines a. o. Ertrags beim Verkauf einer gebrauchten Maschine:	+	1 000,—
Kürzung wegen außergewöhnlicher Ausfälle bei Kundenforderungen = 6 000 DM ./. 2 % von 225 000 = 4 500:	./.	1 500,—
= *entnormalisierter Reingewinn:*		20 500,—

Die bisherigen Erfahrungen haben gezeigt, daß die von der Finanzverwaltung mit vieler Mühe alljährlich ermittelten und veröffentlichten Roh- und Reingewinn-Richtsätze primär zu einem Hilfsmittel der steuerberatenden Berufe wurden, die daraus ersehen können, ob die Roh- und Reingewinn-Zahlen ihrer Mandanten innerhalb des Richtsatzrahmens liegen. Es stellt sich die Frage, ob der verwaltungsmäßige Aufwand im Hinblick darauf vertretbar ist, daß

die Bezugsbasis mit Unsicherheitsmomenten behaftet ist,

die Rahmensätze sehr weit gespannt sind,

die erforderliche Entnormalisierung größtenteils nur schätzungsweise und unvollkommen vorgenommen werden kann.

Vielleicht könnte auch eine statistische Sammlung der Roh- und Reingewinn-Sätze bei einer begrenzten Zahl von Gewerbezweigen an Hand der Besteuerungsunterlagen unter Ausarbeitung von **Durchschnittssätzen** genügen.

Anhang

§ 151 Abs. 1 AktG

Gliederung der Jahresbilanz

Aktivseite

I. Ausstehende Einlagen auf das Grundkapital;
davon eingefordert:

II. Anlagevermögen:

A. Sachanlagen und immaterielle Anlagewerte:
1. Grundstücke und grundstücksgleiche Rechte mit Geschäfts-, Fabrik- und anderen Bauten;
2. Grundstücke und grundstücksgleiche Rechte mit Wohnbauten;
3. Grundstücke und grundstücksgleiche Rechte ohne Bauten;
4. Bauten auf fremden Grundstücken, die nicht zu Nr. 1 oder 2 gehören;
5. Maschinen und maschinelle Anlagen;
6. Betriebs- und Geschäftsausstattung;
7. Anlagen im Bau und Anzahlungen auf Anlagen;
8. Konzessionen, gewerbliche Schutzrechte und ähnliche Rechte sowie Lizenzen an solchen Rechten;

B. Finanzanlagen:
1. Beteiligungen (mindestens 25 %);
2. Wertpapiere des Anlagevermögens, die nicht zu Nr. 1 gehören;
3. Ausleihungen mit einer Laufzeit von mindestens 4 Jahren;
davon durch Grundpfandrechte gesichert:

III. Umlaufvermögen:

A. Vorräte:
1. Roh-, Hilfs- und Betriebsstoffe;
2. Unfertige Erzeugnisse;
3. Fertige Erzeugnisse, Waren;

B. Andere Gegenstände des Umlaufvermögens:
1. Geleistete Anzahlungen, soweit sie nicht zu II A Nr. 7 gehören;
2. Forderungen aus Lieferungen und Leistungen;
davon mit einer Restlaufzeit von mehr als 1 Jahr:
3. Wechsel;
davon bundesbankfähig:
4. Schecks;
5. Kassenbestand, Bundesbank- und Postscheckguthaben;
6. Guthaben bei Kreditinstituten;
7. Wertpapiere, die nicht zu Nr. 3, 4, 8 oder 9 oder zu II B gehören;
8. eigene Aktien unter Angabe ihres Nennbetrags;
9. Anteile an einer herrschenden oder an der Gesellschaft mit Mehrheit beteiligten Kapitalgesellschaft oder bergrechtlichen Gewerkschaft unter Angabe ihres Nennbetrags, bei Kuxen ihrer Zahl;
10. Forderungen an verbundene Unternehmen;
11. Forderungen aus Krediten, die
a) unter § 89 AktG
b) unter § 115 AktG
fallen;
12. sonstige Vermögensgegenstände;

IV. Rechnungsabgrenzungsposten;

V. Bilanzverlust

Passivseite

I. Grundkapital;

II. Offene Rücklagen:
 1. gesetzliche Rücklagen;
 2. andere Rücklagen (freie Rücklagen);
 Anm.: Es sind gesondert aufzuführen:
 — Beträge, die die Hauptversammlung aus dem Bilanzgewinn des Vorjahrs eingestellt hat;
 — Beträge, die aus dem Jahresüberschuß des Geschäftsjahrs eingestellt werden;
 — Beträge, die für das Geschäftsjahr entnommen werden;

IIa. Sonderposten mit Rücklageanteil (Beträge, die erst bei einer Auflösung zu versteuern sind);

III. Wertberichtigungen:
 Anm.: (Nur Sachanlagen, Beteiligungen und Wertpapieren des Anlagevermögens sowie als Pauschalwertberichtigungen zu Forderungen; sie sind zu jedem einzelnen Posten des Anlagevermögens gesondert auszuweisen, Pauschalwertberichtigung als „Pauschalwertberichtigung zu Forderungen")

IV. Rückstellungen:
 1. Pensionsrückstellungen;
 2. andere Rückstellungen für ungewisse Verbindlichkeiten und drohende Verluste;
 Anm.: Ferner dürfen Rückstellungen gesondert gebildet werden für
 — im Geschäftsjahr unterlassene Aufwendungen für Instandhaltung oder Abraumbeseitigung, die im folgenden Jahr nachgeholt werden;
 — Gewährleistungen, die ohne rechtliche Verpflichtung erbracht werden;
 für andere Zwecke dürfen keine Rückstellungen gebildet werden;

V. Verbindlichkeiten mit einer Laufzeit von mindestens 4 Jahren:
 1. Anleihen;
 davon durch Grundpfandrechte gesichert:
 2. Verbindlichkeiten gegenüber Kreditinstituten;
 davon durch Grundpfandrechte gesichert:
 3. sonstige Verbindlichkeiten;
 davon durch Grundpfandrechte gesichert:
 Von Nr. 1—3 vor Ablauf von 4 Jahren fällig:

VI. Andere Verbindlichkeiten:
 1. Verbindlichkeiten aus Lieferungen und Leistungen;
 2. Verbindlichkeiten aus der Annahme gezogener Wechsel und der Ausstellung eigener Wechsel;
 3. Verbindlichkeiten gegenüber Kreditinstituten, soweit sie nicht zu V gehören;
 4. erhaltene Anzahlungen;
 5. Verbindlichkeiten gegenüber verbundenen Unternehmen;
 6. sonstige Verbindlichkeiten;

VII. Rechnungsabgrenzungsposten;

VIII. Bilanzgewinn

Anm.: Unter dem Strich sind hier zu vermerken:

1. Verbindlichkeiten aus der Begebung und Übertragung von Wechseln
2. Verbindlichkeiten aus Bürgschaften, Wechsel- und Scheckbürgschaften
3. Verbindlichkeiten aus Gewährleistungsverträgen
4. Haftung aus der Bestellung von Sicherheiten für fremde Verbindlichkeiten

§ 152 AktG

Vorschriften zu einzelnen Posten der Jahresbilanz

(1) Beim Anlagevermögen sind nur die Gegenstände auszuweisen, die am Abschlußstichtag bestimmt sind, dauernd dem Geschäftsbetrieb der Gesellschaft zu dienen. Die Zugänge und Abgänge, die Zuschreibungen, die für das Geschäftsjahr gemachten Abschreibungen sowie die Umbuchungen sind bei den einzelnen Posten des Anlagevermögens gesondert aufzuführen.

(2) Als Beteiligung gelten im Zweifel Anteile an einer Kapitalgesellschaft, deren Nennbeträge insgesamt den vierten Teil des Nennkapitals dieser Gesellschaft erreichen, sowie Kuxe einer bergrechtlichen Gewerkschaft, deren Zahl insgesamt den vierten Teil der Kuxe dieser Gewerkschaft erreicht.

(3) Beim Grundkapital sind die Gesamtnennbeträge der Aktien jeder Gattung gesondert anzugeben. Bedingtes Kapital ist mit dem Nennbetrag zu vermerken. Bestehen Mehrstimmrechtsaktien, so sind beim Grundkapital die Gesamtstimmenzahl der Mehrstimmrechtsaktien und die der übrigen Aktien zu vermerken.

(4) Bei den offenen Rücklagen sind gesondert aufzuführen

1. die Beträge, die die Hauptversammlung aus dem Bilanzgewinn des Vorjahrs eingestellt hat,
2. die Beträge, die aus dem Jahresüberschuß des Geschäftsjahrs eingestellt werden,
3. die Beträge, die für das Geschäftsjahr entnommen werden.

(5) Werden auf der Passivseite Posten ausgewiesen, die auf Grund steuerlicher Vorschriften erst bei ihrer Auflösung zu versteuern sind, so sind diese Posten gesondert von den offenen Rücklagen unter Angabe der Vorschriften, nach denen sie gebildet sind, auf der Passivseite unter „IIa Sonderposten mit Rücklageanteil“ auszuweisen.

(6) Wertberichtigungen dürfen nur zu Sachanlagen, zu Beteiligungen und zu Wertpapieren des Anlagevermögens sowie als Pauschalwertberichtigung wegen des allgemeinen Kreditrisikos zu Forderungen vorgenommen werden. Die auf die einzelnen Posten entfallenden Wertberichtigungen sind in einer Absatz 1 Satz 2 entsprechenden Gliederung, die Pauschalwertberichtigung ist als „Pauschalwertberichtigung zu Forderungen“ auszuweisen.

(7) Rückstellungen dürfen für ungewisse Verbindlichkeiten und für drohende Verluste aus schwebenden Geschäften gebildet werden. Ferner dürfen Rückstellungen gebildet werden für

1. im Geschäftsjahr unterlassene Aufwendungen für Instandhaltung der Abraumbeseitigung, die im folgenden Geschäftsjahr nachgeholt werden;
2. Gewährleistungen, die ohne rechtliche Verpflichtung erbracht werden;
   diese Rückstellungen sind unter näherer Bezeichnung ihres Zwecks gesondert auszuweisen. Für andere Zwecke dürfen keine Rückstellungen gebildet werden. Unter dem Posten „Pensionsrückstellungen“ sind die Rückstellungen für laufende Pensionen und die für Anwartschaften auf Pensionen auszuweisen.

(8) Forderungen dürfen nicht mit Verbindlichkeiten, nicht abgerechnete Leistungen nicht mit Anzahlungen, Grundstücksrechte nicht mit Grundstückslasten verrechnet werden. Rücklagen, Wertberichtigungen und Rückstellungen dürfen nicht als Verbindlichkeiten aufgeführt werden.

(9) Als Rechnungsabgrenzungsposten dürfen nur ausgewiesen werden

1. auf der Aktivseite Ausgaben vor dem Abschlußstichtag, soweit sie Aufwand für eine bestimmte Zeit nach diesem Tag darstellen;

2. auf der Passivseite Einnahmen vor dem Abschlußstichtag, soweit sie Ertrag für eine bestimmte Zeit nach diesem Tag darstellen.

§ 153 AktG

Wertansätze der Gegenstände des Anlagevermögens

(1) Gegenstände des Anlagevermögens sind zu den Anschaffungs- oder Herstellungskosten, vermindert um Abschreibungen oder Wertberichtigungen nach § 154, anzusetzen. Zugänge sind mit den Anschaffungs- oder Herstellungskosten aufzuführen.

(2) Bei der Berechnung der Herstellungskosten dürfen in angemessenem Umfang Abnutzungen und sonstige Wertminderungen sowie angemessene Teile der Betriebs- und Verwaltungskosten eingerechnet werden, die auf den Zeitraum der Herstellung entfallen; Vertriebskosten gelten nicht als Betriebs- und Verwaltungskosten.

(3) Für immaterielle Anlagewerte darf ein Aktivposten nur angesetzt werden, wenn sie entgeltlich erworben wurden.

(4) Die Aufwendungen für die Gründung und Kapitalbeschaffung (§§ 182 bis 221) dürfen nicht als Aktivposten eingesetzt werden. Die Kosten der Ingangsetzung des Geschäftsbetriebs der Gesellschaft dürfen unter die Posten des Anlagevermögens aufgenommen werden. Der Betrag ist gesondert auszuweisen und in jedem folgenden Geschäftsjahr zu mindestens einem Fünftel durch Abschreibungen zu tilgen.

(5) Für den Geschäfts- oder Firmenwert darf kein Aktivposten eingesetzt werden. Übersteigt jedoch die für die Übernahme eines Unternehmens bewirkte Gegenleistung die Werte der einzelnen Vermögensgegenstände des Unternehmens im Zeitpunkt der Übernahme, so darf der Unterschied unter die Posten des Anlagevermögens aufgenommen werden. Der Betrag ist gesondert auszuweisen und in jedem folgenden Geschäftsjahr zu mindestens einem Fünftel durch Abschreibungen zu tilgen.

§ 154 AktG

Abschreibungen, Wertberichtigungen

(1) Bei den Gegenständen des Anlagevermögens, deren Nutzung zeitlich begrenzt ist, sind die Anschaffungs- oder Herstellungskosten um planmäßige Abschreibungen oder Wertberichtigungen zu vermindern. Der Plan muß die Anschaffungs- oder Herstellungskosten nach einer den Grundsätzen ordnungsmäßiger Buchführung entsprechenden Abschreibungsmethode auf die Geschäftsjahre verteilen, in denen der Gegenstand voraussichtlich genutzt werden kann.

(2) Ohne Rücksicht darauf, ob ihre Nutzung zeitlich begrenzt ist, können bei Gegenständen des Anlagevermögens außerplanmäßige Abschreibungen oder Wertberichtigungen vorgenommen werden, um die Gegenstände

1. mit dem niedrigeren Wert, der ihnen am Abschlußstichtag beizulegen ist, oder
2. mit dem niedrigeren Wert, der für Zwecke der Steuern vom Einkommen und vom Ertrag für zulässig gehalten wird,

anzusetzen; sie sind vorzunehmen bei einer voraussichtlich dauernden Wertminderung. Der niedrigere Wertansatz darf beibehalten werden, auch wenn die Gründe der außerplanmäßigen Abschreibung oder Wertberichtigung nicht mehr bestehen.

§ 155 AktG

Wertansätze der Gegenstände des Umlaufvermögens

(1) Die Gegenstände des Umlaufvermögens sind zu den Anschaffungs- oder Herstellungskosten anzusetzen, soweit nicht ein niedrigerer Wertansatz nach Absatz 2 geboten oder nach den Absätzen 3 und 4 zulässig ist. Für die Berechnung der Herstellungskosten gilt § 153 Abs. 2. Soweit es den Grundsätzen ordnungsmäßiger Buchführung entspricht, kann für den Wertansatz gleichartiger Gegenstände des Vorratsvermögens unterstellt werden, daß die zuerst oder daß die zuletzt angeschafften oder hergestellten Gegenstände zuerst oder in einer sonstigen bestimmten Folge verbraucht oder veräußert worden sind.

(2) Sind die Anschaffungs- oder Herstellungskosten höher als der Wert, der sich aus dem Börsen- oder Marktpreis am Abschlußstichtag ergibt, so ist dieser Wert anzusetzen. Ist ein Börsen- oder Marktpreis nicht festzustellen und übersteigen die Anschaffungs- oder Herstellungskosten den Wert, der den Gegenständen am Abschlußtag beizulegen ist, so ist dieser Wert anzusetzen.

(3) Die Gegenstände des Umlaufvermögens dürfen mit einem niedrigeren Wert als dem Wert nach Absatz 1 oder Absatz 2 angesetzt werden, soweit der niedrigere Wertansatz

1. bei vernünftiger kaufmännischer Beurteilung notwendig ist, um zu verhindern, daß in der nächsten Zukunft der Wertansatz dieser Gegenstände auf Grund von Wertschwankungen geändert werden muß oder
2. für Zwecke der Steuern vom Einkommen und vom Ertrag für zulässig gehalten wird.

(4) Ein niedrigerer Wertansatz nach den Absätzen 2 oder 3 darf beibehalten werden, auch wenn seine Gründe nicht mehr bestehen.

§ 157 AktG

Gliederung der Gewinn- und Verlustrechnung

(1) In der Gewinn- und Verlustrechnung sind, wenn der Geschäftszweig keine abweichende Gliederung bedingt, die gleichwertig sein muß, unbeschadet einer weiteren Gliederung folgende Posten in Staffelform gesondert auszuweisen:

1. Umsatzerlöse	....	
2. Erhöhung oder Verminderung des Bestands an fertigen und unfertigen Erzeugnissen	....	....
3. andere aktivierte Eigenleistungen		....
4. Gesamtleistung		....
5. Aufwendungen für Roh-, Hilfs- und Betriebsstoffe sowie für bezogene Waren		....
6. Rohertrag/Rohaufwand		....
7. Erträge aus Gewinngemeinschaften, Gewinnabführungs- und Teilgewinnabführungsverträgen	....	
8. Erträge aus Beteiligungen	....	
9. Erträge aus den anderen Finanzanlagen	....	
10. sonstige Zinsen und ähnliche Erträge	....	
11. Erträge aus dem Abgang von Gegenständen des Anlagevermögens und aus Zuschreibungen zu Gegenständen des Anlagevermögens	....	

12. Erträge aus der Herabsetzung der Pauschalwertberichtigung zu Forderungen
13. Erträge aus der Auflösung von Rückstellungen
14. sonstige Erträge
davon außerordentliche
15. Erträge aus Verlustübernahme
16. Löhne und Gehälter
17. soziale Abgaben
18. Aufwendungen für Altersversorgung und Unterstützung
19. Abschreibungen und Wertberichtigungen auf Sachanlagen und immaterielle Anlagewerte
20. Abschreibungen und Wertberichtigungen auf Finanzanlagen mit Ausnahme des Betrags, der in die Pauschalwertberichtigung zu Forderungen eingestellt ist
21. Verluste aus Wertminderungen oder dem Abgang von Gegenständen des Umlaufvermögens außer Vorräten (§ 151 Abs. 1 Aktivseite III B) und Einstellung in die Pauschalwertberichtigung zu Forderungen
22. Verluste aus dem Abgang von Gegenständen des Anlagevermögens
23. Zinsen und ähnliche Aufwendungen
24. Steuern
    a) vom Einkommen, vom Ertrag und vom Vermögen
    b) sonstige
25. Aufwendungen aus Verlustübernahme
26. sonstige Aufwendungen
27. auf Grund einer Gewinngemeinschaft, eines Gewinnabführungs- und eines Teilgewinnabführungsvertrags abgeführte Gewinne
28. Jahresüberschuß/Jahresfehlbetrag
29. Gewinnvortrag/Verlustvortrag aus dem Vorjahr
30. Entnahmen aus offenen Rücklagen
    a) aus der gesetzlichen Rücklage
    b) aus freien Rücklagen
31. Einstellungen aus dem Jahresüberschuß in offene Rücklagen
    a) in die gesetzliche Rücklage
    b) in freie Rücklagen
32. Bilanzgewinn/Bilanzverlust

(2) Sind unter einen Posten fallende Aufwendungen oder Erträge bei einer Gesellschaft nicht angefallen, so braucht der Posten nicht ausgewiesen zu werden.

(3) Werden Aufwendungen oder Erträge unter einem anderen Posten ausgewiesen als gleichartige Aufwendungen oder Erträge in der Gewinn- und Verlustrechnung für das vorausgegangene Geschäftsjahr, so ist dies unter Angabe des auf sie entfallenden Betrags in der Gewinn- und Verlustrechnung zu vermerken.

(4) Sind am Abschlußstichtag keine Aktien der Gesellschaft an einer deutschen Börse zum amtlichen Handel zugelassen oder in den geregelten Freiverkehr einbezogen und ist auch nicht die Zulassung von Aktien zum amtlichen Handel an einer deutschen Börse beantragt, so brauchen die Posten unter Absatz 1 Nrn. 1—5 nicht gesondert ausgewiesen zu werden, wenn

1. die Bilanzsumme drei Millionen Deutsche Mark nicht übersteigt oder
2. die Gesellschaft eine Familiengesellschaft ist und die Bilanzsumme zehn Millionen Deutsche Mark nicht übersteigt; als Familiengesellschaften gelten solche Aktiengesellschaften, deren Aktionär eine einzelne natürliche Person ist oder deren Aktionäre natürliche Personen sind, die untereinander im Sinne von § 10 Nrn. 2 bis 5 des Steueranpassungsgesetzes vom 16. Oktober 1934 (Reichsgesetzbl. I, S. 925) verwandt oder verschwägert sind.

Macht eine Familiengesellschaft von der Befugnis nach Satz 1 Gebrauch, so kann jeder Aktionär verlangen, daß ihm in der Hauptversammlung über den Jahresabschluß die Gewinn- und Verlustrechnung in der Form vorgelegt wird, die sie ohne Anwendung des Satzes 1 hätte.

Stichwörterverzeichnis